les pommes de terre

LES FRUITS ET LÉGUMES PASSENT À TABLE

Conception graphique et maquette :
Anne Schlaffmann

Connectez-vous sur :
www.lamartiniere.fr

ISBN : 2-8307-0830-X

Nathalie Combier

les pommes de terre

LES FRUITS ET LÉGUMES PASSENT À TABLE

Photographies : Alain Gelberger
Stylisme : Catherine Bouillot

Minerva

Introduction

La pomme de terre, présente sur nos tables depuis plus de deux siècles, est le légume le plus populaire qui soit. Sur nos étals du 1er janvier au 31 décembre, elle est économique, nourrissante et se cuisine de mille et une manières : en purée, en crêpes, en gratin, en tarte, en soufflé, en chips ou en frites, elle s'est imposée comme le légume (en réalité le tubercule) préféré des petits, des grands et même des doryphores !

Si la pomme de terre peut être patate, elle n'en demeure pas moins élégante et dissimule sa popularité sous des noms aussi charmants qu'énigmatiques : Charlotte, Belle de Fontenay, Roseval, Vitelotte, Pompadour, BF 15, Ratte, Bintje…

Je n'ai évidemment pas su résister à leurs charmes, et j'ai décidé de vous les faire redécouvrir en plus de 40 recettes, avec l'envie de voir tous ceux qui croyaient tout connaître sur la pomme de terre retourner à leurs fourneaux !

Les classiques de Nathalie

Sommaire

Les surprises de Nathalie

Les atouts de la pomme de terre

Valeurs nutritionnelles :

- peu de protéines,
- beaucoup de fibres,
- présence d'acides aminés,
- beaucoup de vitamine C,
- présence de vitamine B3,
- riche en minéraux : potassium (présent essentiellement dans la peau), sodium, calcium, magnésium,
- riche en oligo-éléments : fer, cuivre, soufre, zinc, manganèse.

La pomme de terre aide à purifier l'organisme :

- elle a des vertus anti-ulcère et anti-brûlure (en cas de brûlure, appliquer vite une tranche de pomme de terre sur la brûlure).
- un cataplasme de pomme de terre est efficace pour soigner entorse et contusion.

Enfin, le jus de pomme de terre a des vertus médicinales importantes : cru et fraîchement pressé, il calme, adoucit et cicatrise les muqueuses digestives. Il est également diurétique et antispasmodique et est efficace contre les ulcères gastriques, les troubles de la digestion, le diabète et les carences en vitamine C.

Bintje

C'est la pomme de terre la plus vendue en France. Sa chair blanche un peu farineuse au petit goût d'amande grillée convient pour les potages, les frites (on dit que c'est la reine des frites) et les purées. Elle est disponible toute l'année.

BF 15

Issue d'un croisement de Belle de Fontenay et de Flava, c'est une pomme de terre à peau jaune et chair jaune foncé que l'on trouve sur les étals de juillet à mars. Elle est recommandée pour les gratins, les pommes vapeur et les pommes rissolées. Elle est excellente en frites et sautée.

Les variétés

Manon

Elle est née d'un croisement entre Ukama et un hybride. Cette pomme de terre contient beaucoup de matière sèche et a l'avantage de peu absorber l'huile. Elle est donc recommandée pour les frites, mais aussi pour les potages, pommes au four, ragoûts et purées.

Charlotte

De forme oblongue, elle est née en Bretagne d'un croisement de Danaé et de Hansa. Son goût est très fin, et elle est excellente pour les salades, les pommes vapeur et les pommes rissolées. Elle a l'avantage d'être disponible toute l'année.

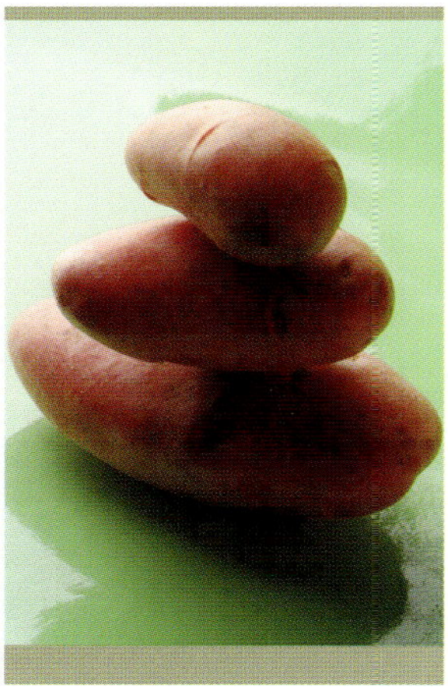

Roseval

Issue d'un croisement entre Rosa et Vale, sa robe est rouge foncé et sa chair jaune veinée de rose. Elle a un petit goût sucré. Excellente en robe des champs ou à la vapeur, elle est très utilisée pour les salades. Elle est disponible de septembre à avril.

Ratte

Initialement appelée Quenelle de Lyon, Corne de bouc ou Corne de mouton, cette pomme de terre, de forme très allongée et un peu incurvée, a une peau et une chair jaunes. Presque entièrement disparue, elle a été remise à la mode par des grands cuisiniers. Elle doit toujours cuire avec sa peau et est excellente à la vapeur ou en gratin. À éviter en purée.

Amandine

Issue d'un croisement entre Mariana et Charlotte, elle a d'abord été cultivée dans l'île de Ré (aujourd'hui en AOC). Pomme de terre à chair ferme, elle est recommandée pour les cuissons à la vapeur, à l'eau, en papillote, sautée ou rissolée et pour des préparations culinaires telles que salade, raclette, poêlée…

Les variétés

Bonnotte de Noirmoutier

Elle est généralement plantée le 2 février sur un lit de goémons dans l'île de Noirmoutier pour être récoltée à la main 90 jours plus tard. Elle est recommandée rissolée ou sautée. Elle s'arrache chaque année et fait même l'objet d'une vente aux enchères guettée par quelques amateurs.

Belle de Fontenay

Apparue à Fontenay-sous-Bois, elle porte aussi le nom de Hénaut et de Boulangère. De taille moyenne et de forme ovale, sa texture est fine et fondante. Sa saveur est réputée délicate. Elle est recommandée pour les salades, les pommes vapeur et les pommes rissolées. Elle est disponible de juin à mars.

Pompadour

Issue d'un croisement entre Roseval et BF 15, c'est une pomme de terre à chair ferme et fine. Elle est recommandée pour les salades, les pommes vapeur et les pommes rissolées.

Samba

Née d'un croisement entre Roseval et Baraka, sa chair est tendre et fondante avec une bonne tenue à la cuisson. On l'utilise pour les potages, pommes au four, en robe des champs et en purée.

Vitelotte noire

Variété tardive estimée pour sa chair ferme d'un violet presque noir, excellente en ragoût, en gratin ou en salade panachée.

les classiques de Nathalie

Purée à l'ancienne

Préparation : 15 minutes
Cuisson : 25 minutes

Pour 4 personnes

1 kg de pommes de terre type bintje

8 cuillerées à soupe de lait entier

180 g de beurre

Muscade

Sel, poivre

Découpez le beurre en petits morceaux.

Épluchez les pommes de terre et coupez-les en quatre. Faites-les cuire dans 3 litres d'eau salée 25 minutes à partir de l'ébullition.

Égouttez-les et écrasez-les à l'aide d'un presse-purée ou à la fourchette en incorporant le lait et les morceaux de beurre. Salez et donnez 2 tours de moulin à poivre et à muscade.

Servez chaud.

conseils

Gardez quelques morceaux de pommes de terre moins écrasés.

N'hésitez pas à utiliser un poivre aux cinq baies.

Tourte de pommes de terre au jambon blanc fumé

Préparation : 20 minutes
Cuisson : 45 minutes

Pour 4 personnes

4 pommes de terre type charlotte

2 tranches de jambon blanc fumé

1 tranche épaisse de lard fumé

1 pâte feuilletée pré-étalée

1 pâte brisée pré-étalée

1 jaune d'œuf

1 cuillerée à café de moutarde à l'ancienne

1 cube de bouillon de légumes

3 cuillerées à soupe de crème épaisse

10 g de beurre pour le moule

Muscade

Sel, poivre

Préchauffez le four à 180 °C (th. 6).

Épluchez les pommes de terre. Diluez le cube de bouillon dans 2 litres d'eau bouillante salée. Ajoutez les pommes de terre et faites-les cuire 20 minutes après la reprise de l'ébullition. Égouttez-les et coupez-les en rondelles de taille moyenne.

Coupez le jambon blanc et le lard en lamelles. Dans une jatte, mélangez la crème avec la moutarde. Salez légèrement et donnez 2 tours de moulin à poivre et à muscade.

Beurrez un moule à tarte à bords hauts ou un moule à gâteau. Déposez la pâte brisée sur le fond du moule. Étalez 1 cuillerée à soupe de crème à la moutarde, parsemez de la moitié des lamelles de lard et de jambon et couvrez avec des lamelles de pommes de terre. Renouvelez l'opération jusqu'à épuisement des ingrédients.

Déroulez la pâte feuilletée et découpez un petit cercle au centre (environ 1 cm de diamètre). Avec une fourchette, faites des stries sur la pâte. Couvrez le moule avec cette pâte. Soudez les deux pâtes ensemble en pinçant les bords avec les doigts mouillés.

Préparez une cheminée avec un morceau de papier sulfurisé (celui de l'emballage de la pâte feuilletée par exemple) et insérez ce cylindre dans le trou formé dans la pâte.

Battez le jaune d'œuf à la fourchette avec quelques gouttes d'eau. À l'aide d'un pinceau, badigeonnez la pâte avec l'œuf battu pour la dorer. Enfournez pour 25 minutes.

Servez chaud, en même temps qu'une salade relevée d'une sauce à l'échalote.

conseil

Vous pouvez acheter une pâte feuilletée supplémentaire pour réaliser quelques décorations que vous collerez sur la pâte avec un peu d'eau telles que des feuilles ou, plus simplement, des torsades.

variantes

Vous pouvez remplacer le jambon blanc fumé par du jambon blanc aux herbes ou même mélanger les deux jambons.

Pour les amateurs de fromage : ajoutez 5 tranches fines de tomme de Savoie ou de reblochon que vous intercalerez avec les pommes de terre.

Tourte de pommes de terre au comté

Préparation : 20 minutes
Cuisson : 55 minutes

Pour 4 personnes

4 pommes de terre type charlotte
200 g de comté
2 tranches de jambon blanc
1 pâte feuilletée pré-étalée
1 pâte brisée pré-étalée
1 oignon jaune
1 échalote
40 g de beurre
Muscade
Sel, poivre

Préchauffez le four à 180 °C (th. 6).

Épluchez les pommes de terre. Faites-les cuire dans 2 litres d'eau salée 20 minutes à partir de l'ébullition. Égouttez-les et coupez-les en rondelles.

Ôtez la croûte du comté et coupez-le en lamelles. Coupez le jambon en larges bandes.

Épluchez l'oignon et l'échalote et émincez-les. Dans une poêle, faites-les revenir sur feu moyen 4 minutes avec la moitié du beurre.

Beurrez un moule à gâteau. Déposez la pâte brisée au fond. Étalez le mélange oignon-échalote, les lamelles de jambon puis les pommes de terre. Salez, donnez 2 tours de moulin à poivre et à muscade et recouvrez avec les lamelles de comté.

Déroulez la pâte feuilletée et découpez un petit cercle au centre (environ 1 cm de diamètre). Couvrez le moule avec cette pâte. Soudez les deux pâtes ensemble en pinçant les bords avec les doigts mouillés.

Préparez une cheminée avec un morceau de papier sulfurisé (celui de l'emballage de la pâte feuilletée par exemple) et insérez ce cylindre dans le trou formé dans la pâte. Enfournez pour 25 minutes.

Servez chaud avec une salade.

Soupe de pommes de terre au céleri

Préparation : 20 minutes
Cuisson : 25 minutes

Pour 4 personnes

4 pommes de terre type manon
2 branches de céleri
1 cube de bouillon de légumes
20 cl de crème
4 cuillerées à soupe d'huile d'olive
Sel, poivre

Épluchez les pommes de terre et coupez-les en quatre. Lavez et parez les branches de céleri et coupez-les en bâtonnets.

Dans une cocotte, faites chauffer l'huile d'olive sur feu moyen et faites revenir le céleri et les quartiers de pommes de terre. Laissez-les dorer 4 minutes. Couvrez-les ensuite avec 2 litres d'eau, ajoutez le cube de bouillon et laissez cuire 25 minutes après ébullition.

Mixez la soupe et ajoutez la crème liquide. Refaites chauffer 4 minutes. Salez, donnez 2 tours de moulin à poivre et servez aussitôt.

conseil

Réservez les plus belles feuilles du céleri et posez-les sur la soupe à la dernière minute.

Mon gratin dauphinois

Préchauffez le four à 180 °C (th. 6).

Épluchez les pommes de terre et coupez-les en rondelles fines.

Pressez la demi-gousse d'ail et mélangez-la avec 20 grammes de beurre. Étalez la totalité de ce beurre aillé avec vos doigts sur l'ensemble du plat, fond et bords.

Déposez au fond du plat une couche de pommes de terre, nappez de crème et parsemez de gruyère, salez et donnez un tour de moulin à muscade. Renouvelez l'opération jusqu'à épuisement des ingrédients en terminant par une couche de pommes de terre. Déposez le beurre restant en petits morceaux sur la dernière couche de pommes de terre. Enfournez pour 50 minutes.

Servez chaud.

conseil

Le bon goût de votre gratin dépend de la qualité de votre crème. Ne mettez pas de muscade sur chaque rang de pommes de terre si vous craignez que le gratin soit trop épicé.

variante

Vous pouvez précuire les rondelles de pommes de terre dans du lait. Égouttez-les bien avant de les passer au four.

Préparation : 15 minutes
Cuisson : 25 minutes

Pour 4 personnes

8 belles pommes de terre type charlotte

200 g de gruyère râpé

1/2 gousse d'ail

40 cl de crème fraîche épaisse

30 g de beurre

Sel, muscade

Mon hachis Parmentier

Préparation : 25 minutes
Cuisson : 1 heure

Pour 4 personnes

6 belles pommes de terre type bintje
200 g de viande de bœuf hachée
200 g de viande de veau hachée
1 tomate
1 oignon jaune
1 échalote
$^1/_2$ gousse d'ail
1 cube de bouillon de bœuf
3 cuillerées à soupe de lait demi-écrémé
100 g de beurre (+ 10 g)
5 cuillerées à soupe d'huile d'olive
Muscade
Sel, poivre

Préchauffez le four à 180 °C (th. 6).

Épluchez les pommes de terre. Diluez le cube de bouillon de bœuf dans un grand volume d'eau bouillante salée. Ajoutez les pommes de terre et faites-les cuire 25 minutes à partir de la reprise de l'ébullition. Réduisez-les en purée à l'aide d'un presse-purée en incorporant le lait et 100 grammes de beurre. Salez et donnez 2 tours de moulin à poivre et à muscade.

Épluchez l'oignon et l'échalote et émincez-les. Épluchez la demi-gousse d'ail et pressez-la.

Lavez la tomate, retirez le pédoncule et coupez-la en huit.

Dans une poêle, faites chauffer l'huile d'olive sur feu vif et faites revenir les viandes de bœuf et de veau. Ajoutez l'échalote, l'oignon, l'ail et la tomate découpée. Faites cuire l'ensemble 12 minutes en remuant régulièrement et en ajoutant un peu d'eau si nécessaire en fin de cuisson pour éviter que cela attache. Ajustez l'assaisonnement.

Déposez le contenu de la poêle dans un plat à gratin. Répartissez le mélange et recouvrez de purée de pommes de terre. Étalez-la avec le dos d'une cuillère à soupe.

Disposez par-dessus 10 grammes de beurre en petits morceaux et enfournez pour 25 minutes.

Servez bien chaud accompagné d'une salade verte.

variante

Pour les amateurs de fromage, intercalez des tranches de mimolette entre la viande et les pommes de terre, cela rendra le gratin encore plus onctueux.

Tourte de pommes de terre au bœuf et au cantal

Préparation : 20 minutes
Cuisson : 45 minutes

Pour 4 personnes

4 pommes de terre type charlotte
2 steaks hachés d'environ 150 g chacun
250 g de cantal jeune
1 pâte feuilletée pré-étalée
1 pâte brisée pré-étalée
1 jaune d'œuf pour dorer la pâte
1 oignon jaune
1/2 gousse d'ail
30 g de beurre
3 cuillerées à soupe d'huile d'olive
Muscade
Sel, poivre

Préchauffez le four à 180 °C (th. 6).

Épluchez les pommes de terre et faites-les cuire dans un grand volume d'eau salée 25 minutes à partir de l'ébullition. Égouttez-les puis découpez-les en rondelles de taille moyenne.

Enlevez la peau du cantal et découpez-le en lamelles.

Épluchez l'oignon et émincez-le. Pressez la demi-gousse d'ail.

Dans une poêle, faites chauffer l'huile sur feu moyen et faites revenir les lamelles de pommes de terre, l'oignon, l'ail et la viande de bœuf. Salez et donnez 2 tours de moulin à poivre et à muscade. Laissez dorer 8 minutes en remuant régulièrement.

Beurrez un moule à gâteau. Déposez la pâte brisée. Ajoutez le contenu de la poêle et recouvrez avec les lamelles de cantal.

Déroulez la pâte feuilletée et découpez un petit cercle au centre (environ 1 cm de diamètre). Couvrez le moule avec cette pâte. Soudez les deux pâtes ensemble en pinçant les bords avec les doigts mouillés.

Préparez une cheminée avec un morceau de papier sulfurisé (celui de l'emballage de la pâte feuilletée par exemple) et insérez ce cylindre dans le trou formé dans la pâte.

Battez le jaune d'œuf à la fourchette avec quelques gouttes d'eau. Avec un pinceau, badigeonnez la pâte de l'œuf battu pour la dorer. Enfournez pour 30 minutes.

Servez bien chaud.

conseil

Présentez cette tourte avec une salade de mesclun relevée.

Gnocchis aux pommes de terre

Préparation : 20 minutes
Cuisson : 30 minutes

Pour 4 personnes

500 g de pommes de terre type bintje
1 jaune d'œuf
100 g de farine fluide
10 g de beurre
Sel

Lavez les pommes de terre mais ne les épluchez pas. Faites-les cuire dans un grand volume d'eau salée 25 minutes à partir de l'ébullition. Égouttez-les, épluchez-les et remettez-les dans la casserole. Faites chauffer quelques minutes en remuant pour qu'elles sèchent complètement.

Lorsqu'elles sont bien sèches, coupez-les en huit et écrasez-les à l'aide d'un presse-purée. Ajoutez le jaune d'œuf et la farine et malaxez avec vos mains. Salez, ajoutez le beurre et malaxez à nouveau.

Coupez la boule de pâte obtenue en quatre. Farinez votre plan de travail.

Roulez les quarts de pâte à gnocchis en formant des boudins d'environ 2 cm de diamètre. Coupez ensuite ces boudins en rondelles d'environ 1 cm d'épaisseur.

Dans une grande casserole, faites bouillir de l'eau salée et faites cuire les gnocchis. Lorsqu'ils remontent à la surface, ils sont cuits !

Récupérez-les à l'aide d'une écumoire et servez-les immédiatement.

conseil

Vous pouvez les présenter de façon classique avec une sauce tomate ou du gorgonzola ou bien opter pour du jambon de Parme, de la mozzarella et quelques figues : ambiance italienne garantie !

Chaussons aux pommes de terre et gouda au cumin

Préparation : 15 minutes
Cuisson : 40 minutes

Pour 6 à 8 chaussons

1 pomme de terre type bintje de taille moyenne
3 tranches de bacon fumé
80 g de gouda au cumin
2 pâtes feuilletées pré-étalée
1 jaune d'œuf
30 g de beurre
4 pincées de cumin en poudre

Préchauffez le four à 180 °C (th. 6).

Épluchez la pomme de terre et coupez-la en quatre. Faites-la cuire dans 1 litre d'eau salée 20 minutes à partir de l'ébullition. Égouttez-la et réservez-la.

Coupez le gouda et le beurre en petits dés et mélangez-les dans un bol. Ajoutez les quartiers de pommes de terre.

Coupez le bacon en lamelles de taille moyenne.

Étalez la pâte feuilletée. Formez des disques dans la pâte en vous aidant d'un bol. Répartissez équitablement le mélange pommes de terre-beurre-gouda et les lamelles de bacon sur une moitié de chaque disque. Refermez les disques pour former des demi-lunes et soudez les bords en pinçant la pâte avec les doigts mouillés.

Battez le jaune d'œuf à la fourchette avec quelques gouttes d'eau. À l'aide d'un pinceau, badigeonnez les demi-lunes avec l'œuf battu puis saupoudrez-les très légèrement de cumin en poudre.

Déposez-les sur la plaque du four recouverte de papier sulfurisé et enfournez pour 20 minutes.

Servez chaud.

conseil

N'attendez pas pour servir car le fromage durcit en refroidissant.

variante

Si vous ne trouvez pas de gouda au cumin, utilisez du gouda nature que vous saupoudrerez de graines de cumin ou de cumin en poudre une fois coupé en petits dés.

Ma truffade

Coupez le lard en bâtonnets de taille moyenne. Épluchez les pommes de terre et coupez-les en rondelles. Coupez la tomme de cantal en lamelles.

Dans une poêle, faites revenir les bâtonnets de lard sur feu moyen et ajoutez les lamelles de pommes de terre, salez et donnez 2 tours de moulin à poivre. Couvrez et laissez cuire 30 minutes.

Lorsque les pommes de terre sont cuites (vérifiez avec la pointe d'un couteau), ajoutez les lamelles de fromage. Mélangez et laissez dorer encore quelques minutes.

Servez chaud.

conseil

Présentez cette truffade dans un plat de service ou directement dans la poêle pour lui conserver son côté rustique.

Préparation : 20 minutes
Cuisson : 35 minutes

Pour 4 personnes

500 g de pommes de terre type bintje

100 g de lard fumé

200 g de tomme fraîche de cantal

Sel, poivre

Tourte de pommes de terre à la viande

Préparation : 20 minutes
Cuisson : 1 heure 10

Pour 4 personnes

6 pommes de terre type charlotte
350 g de viande de bœuf hachée
1 pâte feuilletée
1 pâte brisée
1 jaune d'œuf
2 oignons jaunes
2 échalotes
1/2 gousse d'ail
2 cuillerées à soupe de ciboulette hachée
1 cube de bouillon de légumes
5 cuillerées à soupe de crème épaisse
30 g de beurre
4 cuillerées à soupe d'huile d'olive
Sel, poivre

Préchauffez le four à 180 °C (th. 6).

Épluchez les pommes de terre et coupez-les en rondelles assez fines. Diluez le cube de bouillon dans 1,5 litre d'eau bouillante salée. Ajoutez les pommes de terre, faites-les cuire 20 minutes après la reprise de l'ébullition, puis égouttez-les.

Épluchez et émincez les oignons et les échalotes. Pressez la demi-gousse d'ail.

Dans une poêle, faites chauffer l'huile d'olive et faites revenir 5 minutes les oignons, les échalotes, l'ail et la viande hachée en remuant de temps en temps.

Beurrez un moule à tarte et tapissez-en le fond avec la pâte brisée. Alternez des couches de pommes de terre avec des couches de viande jusqu'à épuisement des ingrédients. Parsemez de ciboulette. Versez ensuite la moitié de la crème et réservez la seconde. Salez et donnez 2 tours de moulin à poivre.

Déroulez la pâte feuilletée et découpez un petit cercle au centre (environ 1 cm de diamètre). Couvrez le moule avec cette pâte. Soudez les deux pâtes ensemble en pinçant les bords avec les doigts mouillés.

Préparez une cheminée avec un morceau de papier sulfurisé (celui de l'emballage de la pâte feuilletée par exemple) et insérez ce cylindre dans le trou formé dans la pâte.

Battez le jaune d'œuf à la fourchette avec quelques gouttes d'eau. À l'aide d'un pinceau, badigeonnez la pâte de l'œuf battu pour la dorer. Enfournez la tourte pour 20 minutes.

Sortez-la du four, recouvrez-la de papier d'aluminium pour éviter de brûler la surface et enfournez à nouveau pour 30 minutes.

Retirez la cheminée en papier sulfurisé et versez le reste de la crème dans le trou.

Servez chaud.

variantes

Ajoutez une pincée de curry dans la crème restante.

Utilisez un peu de chair à saucisse - environ 100 grammes - un steak ou encore plusieurs restes de viande comme vous le feriez pour un hachis Parmentier. Attention ! n'utilisez pas de viande de volaille, qui serait plus sèche.

Crème de pommes de terre

Préparation : 20 minutes
Cuisson : 25 minutes

Pour 4 personnes

6 belles pommes de terre type manon
3 jaunes d'œufs
1 cube de bouillon de légumes
20 cl de crème liquide
Muscade
Sel, poivre

Épluchez les pommes de terre et coupez-les en quatre. Diluez le cube de bouillon dans 1,5 litre d'eau bouillante salée. Prélevez 1 louche de bouillon et réservez. Ajoutez les pommes de terre et laissez-les cuire 20 minutes après la reprise de l'ébullition.

Pendant ce temps, mélangez au fouet les jaunes d'œufs et la crème. Salez, donnez 2 tours de moulin à poivre et à muscade et mélangez. Ajoutez la louche de bouillon et mélangez à nouveau.

Mixez les pommes de terre dans le bouillon. Ajoutez le mélange à base de crème et refaites chauffer 5 minutes. Évitez de faire bouillir la soupe.

Servez immédiatement.

conseil

Parsemez cette soupe d'une pointe de safran et d'une cuillerée à café de ciboulette hachée.

Ma tartiflette

Préparation : 25 minutes
Cuisson : 45 minutes

Pour 6 personnes

8 belles pommes de terre type BF15

2 tranches de jambon blanc fumé

5 tranches de lard fumé

1 + 1/2 reblochon

2 oignons jaunes

4 cuillerées à soupe d'huile d'olive

Muscade

Sel, poivre

Préchauffez le four à 180 °C (th. 6).

Épluchez les pommes de terre et faites-les cuire dans l'eau salée 25 minutes à partir de l'ébullition. Égouttez-les et découpez-les en rondelles de taille moyenne.

Épluchez les oignons et émincez-les. Coupez le lard en lardons de taille moyenne. Découpez les tranches de jambon en petits dés.

Découpez le reblochon entier en deux. Recoupez les 3 demi-reblochons en deux dans l'épaisseur, de manière à obtenir 6 grosses tranches de fromage.

Dans une grande poêle ou deux poêles moyennes, faites chauffer l'huile puis déposez l'oignon émincé, les lardons, le jambon et les pommes de terre. Salez, donnez 2 tours de moulin à poivre et à muscade. Laissez dorer l'ensemble 7 minutes.

Dans un grand plat à gratin, répartissez le contenu des poêles. Déposez les 6 morceaux de reblochon par-dessus en veillant à recouvrir au maximum la surface. Enfournez pour 20 minutes.

Servez cette tartiflette accompagnée d'une salade assaisonnée à l'échalote.

Tatin de pommes de terre au munster

Préparation : 15 minutes
Cuisson : 45 minutes

Pour 4 personnes

4 pommes de terre type BF15
1/2 munster
1 pâte feuilletée
2 pincées de cumin
1 cube de bouillon de légumes
4 cuillerées à soupe d'huile d'olive
Poivre

Préchauffez le four à 180 °C (th. 6).

Épluchez les pommes de terre. Diluez le cube de bouillon dans de l'eau bouillante salée, ajoutez les pommes de terre et faites-les cuire 20 minutes à partir de la reprise de l'ébullition. Égouttez-les et découpez-les en rondelles de taille moyenne.

Enlevez la croûte du munster et coupez-le en lamelles.

Huilez un moule à tarte à bords hauts. Déposez les pommes de terre en rosace en recouvrant tout le plat. Faites deux rangs si nécessaire. Parsemez de cumin, donnez 2 tours de moulin à poivre puis ajoutez les lamelles de munster.

Couvrez avec la pâte feuilletée. Soudez les bords en veillant à bien refermer la pâte. Enfournez pour 25 minutes.

À la sortie du four, retournez la Tatin sur un plat de service et servez-la immédiatement.

conseil

Accompagnez cette Tatin d'une salade de mesclun ou de chicorée rouge.

Tatin de pommes de terre à la tomate

Préchauffez le four à 180 °C (th. 6).

Épluchez les pommes de terre. Diluez le cube de bouillon dans de l'eau bouillante salée. Ajoutez les pommes de terre et faites-les cuire 20 minutes à partir de la reprise de l'ébullition. Égouttez-les et découpez-les en rondelles de taille moyenne.

Huilez un moule à tarte à bords hauts. Déposez les rondelles de pommes de terre de manière à couvrir le fond du moule. Formez deux rangs si nécessaire. Salez et donnez 2 tours de moulin à poivre. Nappez de sauce tomate et de pistou avec le dos d'une cuillère à soupe puis recouvrez avec la pâte feuilletée.

Soudez les bords en veillant à bien refermer la pâte. Enfournez pour 25 minutes.

À la sortie du four, retournez la Tatin sur un plat de service et servez-la immédiatement.

conseil

Vous pouvez remplacer la sauce tomate aux légumes par une sauce tomate aux champignons ou à la viande. Dans ces cas-là, ne mettez-pas de pistou.

Préparation : 10 minutes
Cuisson : 45 minutes

Pour 4 personnes

4 pommes de terre type BF15

1 pâte feuilletée

2 cuillerées à soupe de sauce tomate aux légumes

1 cuillerée à soupe de pistou

1 cube de bouillon de légumes

4 cuillerées à soupe d'huile d'olive

Sel, poivre

Gaufres salées

à la pomme de terre

Préparation : 20 minutes
Cuisson : 25 minutes

Pour 8 gaufres

3 pommes de terre type bintje
2 œufs
1 cuillerée à soupe de ciboulette hachée
150 g de farine fluide
30 cl de lait demi-écrémé
30 g de beurre pour le gaufrier
Muscade
Sel

Lavez et épluchez les pommes de terre. Coupez-les en deux et faites-les cuire dans 1,5 litre d'eau salée 20 minutes à partir de l'ébullition. Égouttez-les et écrasez-les à l'aide d'un presse-légumes en incorporant la moitié du lait.

Cassez les œufs et séparez les blancs des jaunes. Montez les blancs en neige avec une pincée de sel.

Dans une jatte, fouettez les jaunes d'œufs avec le reste de lait. Ajoutez les pommes de terre et remuez. Incorporez ensuite la farine et mélangez en veillant à ne pas faire de grumeaux. Donnez un tour de moulin à muscade. Ajoutez délicatement les œufs en neige.

Beurrez un gaufrier. Déposez avec une louche la quantité de pâte nécessaire pour réaliser les gaufres : veillez à recouvrir les plaques du gaufrier mais ne faites pas déborder la pâte : testez-vous sur les deux premières pour jauger la bonne quantité à déposer.

Saupoudrez les gaufres de ciboulette et servez immédiatement.

conseil

Vous pouvez présenter ces gaufres accompagnées d'un rôti et d'un bon jus de viande mais également saupoudrées de sucre semoule pour jouer sur le côté salé-sucré : une belle surprise !

Purée en crêpes

Préparation : 15 minutes
Cuisson : 25 minutes

Pour 6 personnes

500 g de pommes de terre type bintje

2 œufs

2 cuillerées à soupe de farine fluide

6 cuillerées à soupe de lait entier

3 cuillerées à soupe d'huile de tournesol

Sel, poivre

Épluchez, lavez et coupez les pommes de terre en quatre puis faites-les cuire dans un grand volume d'eau salée 20 minutes à partir de l'ébullition. Égouttez-les puis réduisez-les en purée à l'aide d'un presse-purée ou d'une fourchette.

Dans une jatte, mélangez la purée et le lait. Creusez un puits au centre. Ajoutez les œufs, la farine et battez ce mélange au fouet. Salez et donnez 2 tours de moulin à poivre.

Dans une poêle antiadhésive, faites chauffer de l'huile sur feu vif. Avec une cuillère à soupe, déposez un peu de purée et étalez-la pour former des petites crêpes. Retournez-les dès qu'elles sont dorées et réservez-les sur du papier absorbant. Renouvelez l'opération jusqu'à épuisement de la purée.

Servez les crêpes tièdes en accompagnement d'une viande ou d'une salade verte.

conseil

C'est peut-être l'occasion de faire découvrir aux plus petits mais également aux plus grands la version, légèrement sucrée, de la petite crêpe de pommes de terre.

Crumble pommes de terre carottes

Préchauffez le four à 180 C (th. 6).

Coupez le beurre en petits morceaux et laissez-le ramollir à température ambiante. Épluchez les pommes de terre, les carottes et la courgette. Découpez tous ces légumes en petits dés. Épluchez l'échalote et émincez-la.

Dans une poêle, faites chauffer l'huile d'olive sur feu vif et faites-y revenir les légumes et l'échalote. Salez et donnez 2 tours de moulin à poivre. Laissez dorer les légumes 5 minutes puis réduisez le feu et continuez la cuisson 20 minutes en remuant régulièrement. Si le mélange menace d'attacher, arrosez d'un peu d'eau.

Pendant ce temps, faites la pâte à crumble en mélangeant le beurre ramolli, la farine, les pignons et le sel. Travaillez du bout des doigts en ajoutant un peu de farine si nécessaire pour que la pâte ne colle pas. Émiettez la pâte entre vos doigts pour obtenir un mélange sableux.

Beurrez un moule à gratin. Déposez les légumes et répartissez-les au fond du moule. Versez par-dessus le mélange sableux et enfournez pour 25 minutes.

Servez chaud en accompagnement d'une viande et de son jus.

conseil

Vous pouvez remplacer les pignons par des amandes ou des pistaches salées que vous concasserez.

Préparation : 20 minutes
Cuisson : 50 minutes

Pour 4 personnes

Pour la pâte :

50 g de pignons de pin
50 g de farine fluide
80 g de beurre
Sel

Pour les légumes :

4 pommes de terre type roseval
1 courgette
2 carottes
1 échalote
30 g de beurre pour le moule
3 cuillerées à soupe d'huile d'olive
Sel, poivre

les surprises de Nathalie

Petits choux salés

à la pomme de terre

Préparation : 15 minutes
Cuisson : 50 minutes

Pour 15 choux environ

2 pommes de terre type amandine

4 œufs

125 g de farine fluide

1 sachet de levure chimique

125 g de beurre

Sel, poivre

1 feuille de papier sulfurisé

Préchauffez le four à 210 °C (th. 7).

Épluchez les pommes de terre et coupez-les en quatre. Faites-les cuire dans un grand volume d'eau salée 25 minutes à partir de l'ébullition. Égouttez-les et écrasez-les avec un presse-purée ou à la fourchette.

Dans une casserole, faites chauffer 25 centilitres d'eau avec le beurre coupé en petits morceaux et portez à ébullition. Retirez du feu et ajoutez simultanément la farine et la levure. Remuez énergiquement. Remettez sur le feu et faites sécher la pâte en veillant à ce qu'elle n'attache pas. Lorsqu'elle commence à s'assécher, éteignez le feu et ajoutez les œufs un par un en mélangeant après chaque œuf.

Lorsque la pâte est homogène, ajoutez les pommes de terre écrasées, salez, donnez 2 tours de moulin à poivre et remuez.

Avec une cuillère à soupe, faites des petits tas de pâte et, si vous souhaitez leur donner une forme bien ronde, roulez-les dans la paume de vos mains. Posez-les sur la plaque du four recouverte de papier sulfurisé et enfournez pour 25 minutes.

Servez immédiatement.

conseil

Idéal à l'apéritif mais également en entrée. Dans ce cas, prévoyez deux ou trois choux par personne et servez-les accompagnés d'une salade.

variante

Vous pouvez ajouter 100 grammes de comté râpé aux pommes de terre écrasées.

Mini-gratins de pommes de terre au foie gras

Préchauffez le four à 180 °C (th. 6).

Lavez et épluchez les pommes de terre. Diluez le cube de bouillon dans un grand volume d'eau bouillante salée. Ajoutez les pommes de terre et faites-les cuire 25 minutes après la reprise de l'ébullition. Égouttez-les et découpez-les en rondelles.

Découpez le foie gras en bandes assez fines. Épluchez les échalotes et émincez-les.

Dans une poêle, faites chauffer la moitié du beurre et faites dorer l'échalote et les rondelles de pommes de terre 6 minutes en les retournant régulièrement.

Graissez deux petits moules à gratin avec le reste du beurre. Alternez une couche de pommes de terre puis une couche de lamelles de foie gras. Recouvrez avec le reste de pommes de terre et enfournez pour 20 minutes.

Servez chaud ou tiède, accompagné d'un peu de confiture de figues et parsemé de poivre aux cinq baies concassé à la dernière minute.

conseils

Vous pouvez remplacer la confiture de figues par un chutney d'oignons ou une confiture de cerises noires.

Vous pouvez également réaliser ce plat dans un grand moule à gratin.

Préparation : 20 minutes
Cuisson : 45 minutes

Pour 4 personnes

5 belles pommes de terre type BF15

200 g de foie gras frais de canard

2 cuillerées à soupe de confiture de figues

2 échalotes

1 cube de bouillon de volaille

40 g de beurre

Poivre aux cinq baies

Blinis de pommes de terre au lard fumé

Préparation : 20 minutes
Cuisson : 30 minutes

Pour environ 8 blinis

4 pommes de terre type bintje
4 tranches de lard fumé fines
3 œufs
1 cuillerée à soupe de ciboulette hachée
10 g de farine fluide
1 cuillerée à soupe de vinaigre balsamique
2 cuillerées à soupe d'huile d'olive
Sel, poivre

Épluchez les pommes de terre et coupez-les en quatre. Faites-les cuire dans un grand volume d'eau salée 25 minutes à partir de l'ébullition. Égouttez-les et écrasez-les assez finement à la fourchette.

Coupez les tranches de lard en deux dans le sens de la largeur.

Dans une jatte, battez les œufs puis ajoutez la farine et les pommes de terre écrasées. Fouettez, salez et donnez 2 tours de moulin à poivre.

Dans une poêle antiadhésive, versez l'huile et faites-la chauffer sur feu vif. Déposez des cuillerées à café bien pleines de pâte à blinis. Faites dorer sur chaque face. Avec le dos de la cuillère, écrasez un peu les blinis en cours de cuisson pour les aplatir.

Dans le même temps, faites griller les tranches de lard dans une poêle antiadhésive sans ajout de matière grasse. Lorsque les tranches sont dorées, ajoutez le vinaigre et laissez cuire 30 secondes, puis retirez la poêle du feu.

Déposez $^1/_2$ tranche de lard grillé sur les blinis et saupoudrez de ciboulette. Dégustez immédiatement.

variante

Vous pouvez présenter ces blinis avec un peu de crème fraîche et une pointe de tapenade ou d'œufs de lump.

Hachis de pommes de terre au boudin et pommes fruits

Préparation : 25 minutes
Cuisson : 1 heure

Pour 6 personnes

8 pommes de terre type bintje
450 g de boudin noir aux oignons
2 pommes type golden
1 tranche de lard fumé épaisse
1 blanc de poireau
1 branche de céleri
150 g de beurre
Noix de muscade
Sel, poivre

Préchauffez le four à 180 °C (th. 6).

Épluchez les pommes et coupez-les en quatre. Retirez le cœur et les pépins puis découpez les quartiers en lamelles de taille moyenne.

Épluchez les pommes de terre et coupez-les en deux. Faites-les cuire dans 2 litres d'eau salée 20 minutes à partir de l'ébullition. Égouttez-les et réduisez-les en purée à l'aide d'un presse-purée ou d'une fourchette en incorporant 100 grammes de beurre. Salez et donnez 2 tours de moulin à poivre et à muscade.

Lavez et épluchez le poireau et le céleri. Coupez le poireau en rondelles et le céleri en bâtonnets.

Dans une poêle, faites fondre 25 grammes de beurre sur feu vif et déposez les rondelles de poireau et les bâtonnets de céleri. Faites-les dorer 6 minutes environ en ajoutant éventuellement un peu d'eau en cours de cuisson pour éviter que les légumes attachent.

Dans une autre poêle, faites fondre le beurre restant et ajoutez les lamelles de pommes. Faites-les dorer 7 minutes en ajoutant un peu d'eau en cours de cuisson.

Coupez le lard en lamelles. Retirez la peau du boudin et coupez-le en rondelles de taille moyenne.

Dans un moule à gratin, déposez les rondelles de poireau, les bâtonnets de céleri rissolés et le lard. Recouvrez de rondelles de boudin puis de pommes rissolées. Étalez par-dessus la purée de pommes de terre et enfournez pour 30 minutes.

Servez chaud avec une salade type mesclun.

variante

Si vous ne trouvez pas de boudin aux oignons, achetez des boudins nature et ajoutez un oignon jaune dans la poêle avec le poireau et le céleri.

Cake aux deux pommes et aux pruneaux

Épluchez la pomme et coupez-la en quartiers. Ôtez le cœur et les pépins et découpez les quartiers en petits dés. Coupez les pruneaux en deux.

Épluchez les pommes de terre et découpez-les en petits dés. Diluez le cube de bouillon de légumes dans 1 litre d'eau bouillante salée. Ajoutez les dés de pommes de terre et laissez-les cuire 20 minutes après la reprise de l'ébullition. Égouttez-les et réservez.

Dans une poêle, faites chauffer 20 grammes de beurre sur feu vif et faites revenir les dés de pommes 5 minutes environ.

Faites fondre 120 grammes de beurre au micro-ondes ou dans une casserole sur feu très doux.

Dans une jatte, battez les œufs avec la farine et la levure. Ajoutez le lait et le beurre fondu. Saupoudrez de cannelle, salez et donnez 2 tours de moulin à poivre. Ajoutez les pruneaux, les pommes et les pommes de terre et enfournez pour 30 minutes.

Servez chaud.

conseil

Réalisez une sauce pour accompagner ce cake : mélangez 20 centilitres de crème liquide, 1 cuillerée à soupe de miel liquide et 1 cuillerée à café de vinaigre balsamique. Faites chauffer doucement.

Préparation : 20 minutes
Cuisson : 50 minutes

Pour 6 personnes

2 pommes de terre type amandine de taille moyenne

1 pomme golden

7 pruneaux dénoyautés

3 œufs

6 pincées de cannelle en poudre

180 g de farine fluide

1 sachet de levure chimique

1 cube de bouillon de légumes

6 cuillerées à soupe de lait entier

140 g de beurre

Sel, poivre aux cinq baies

Gâteau de pommes de terre aux gambas

Préparation : 20 minutes
Cuisson : 45 minutes

Pour 4 personnes

6 pommes de terre type charlotte
6 gambas cuites
1 œuf
1 petite boîte de concentré de tomates
1 pointe de piment de Cayenne
1 cuillerée à soupe de persil haché
1 cuillerée à soupe d'aneth haché
2 feuilles de laurier
1 cube de bouillon de légumes
1 cuillerée à café de cognac
20 cl de crème liquide
30 g de beurre + 15 g pour le moule
Muscade
Sel, poivre

Préchauffez le four à 180 °C (th. 6).

Décortiquez les gambas.

Épluchez les pommes de terre. Découpez-les en rondelles. Diluez le cube de bouillon de légumes dans un grand volume d'eau bouillante. Ajoutez les pommes de terre et faites-les cuire 20 minutes après la reprise de l'ébullition. Égouttez-les et réservez.

Dans une jatte, versez la crème et ajoutez l'œuf. Battez au fouet. Incorporez le laurier, l'aneth, le persil et la pointe de piment. Mélangez et ajoutez le concentré de tomates. Salez légèrement et donnez 2 tours de moulin à poivre et à muscade. Mélangez.

Dans une poêle, faites chauffer le beurre sur feu vif et ajoutez les gambas. Faites-les dorer pendant 2 minutes sur chaque face et ajoutez la cuillerée de cognac. Laissez cuire encore quelques minutes en veillant à ce qu'elles n'attachent pas.

Beurrez un moule à soufflé. Déposez une couche de pommes de terre, ajoutez une couche de gambas et renouvelez l'opération jusqu'à épuisement des ingrédients.

Enlevez les feuilles de laurier de la sauce à la tomate puis versez-la sur les pommes de terre et les gambas. Enfournez pour 25 minutes.

Servez chaud.

conseil

Vous pouvez également utiliser un moule à gâteau.

variante

Vous pouvez remplacer les gambas par 8 langoustines.

Gratin aux deux pommes et au Mont d'Or

Préparation : 20 minutes
Cuisson : 50 minutes

Pour 6 personnes

5 belles pommes de terre type bintje
1 pomme reinette
1 Mont d'Or
1/2 sachet de sucre vanillé
4 cuillerées à soupe de vin blanc sec
40 g de beurre
Sel, poivre

Préchauffez le four à 210 °C (th. 7).

Lavez puis épluchez les pommes de terre. Faites-les précuire dans un grand volume d'eau salée 20 minutes à partir de l'ébullition. Égouttez-les, laissez-les tiédir puis coupez-les en rondelles un peu épaisses.

Épluchez la pomme et coupez-la en quatre. Ôtez le cœur et les pépins puis découpez les quartiers en lamelles épaisses.

Dans une poêle, faites chauffer le beurre sur feu vif et faites revenir les lamelles de pomme avec le sucre vanillé. Laissez dorer 5 minutes en remuant régulièrement.

Grattez le Mont d'Or avec la lame d'un couteau sans dents et arrosez-le de vin blanc.

Dans un plat à gratin, déposez une couche de pommes de terre puis une couche de pommes dorées. Salez et donnez 2 tours de moulin à poivre. Déposez des cuillerées à soupe de Mont d'Or et enfournez pour 25 minutes.

Servez ce gratin avec une salade verte relevée au vinaigre balsamique.

conseil

Le Mont d'Or est une variété de vacherin. Il peut se présenter en boîte en sapin ou à la coupe.

variante

Vous pouvez remplacer le Mont d'Or par un reblochon fermier ou un camembert au lait cru pas trop fait.

Poulet rôti et pommes de terre au safran

Préparation : 15 minutes
Cuisson : 1 heure 30

Pour 4 personnes

- 1 kg de pommes de terre ratte
- 1 poulet fermier
- 5 baies roses
- 4 baies de genièvre
- 1/2 cuillerée à soupe de safran en poudre
- 2 clous de girofle
- 4 branches de thym frais
- 60 g de beurre
- 2 cuillerées à soupe d'huile d'olive
- Muscade
- Sel, 2 grains de poivre blanc

Préchauffez le four à 180 °C (th. 6).

Rincez les pommes de terre et essuyez-les.

Dans un bol, mettez le beurre ramolli. Ajoutez toutes les épices et les fleurs de thym sans les branches. Salez et donnez 2 tours de moulin à muscade. Remuez en écrasant les baies pour mieux dégager les arômes.

Déposez le poulet dans un plat et badigeonnez-le avec les deux tiers du beurre épicé. Insérez le tiers restant à l'intérieur du poulet. Disposez les rattes autour du poulet et arrosez-les d'huile d'olive. Enfournez pour 1 heure 30. Arrosez régulièrement le poulet et les pommes de terre en cours de cuisson.

Servez avec un mesclun assaisonné au vinaigre balsamique et à l'huile de pépins de raisin.

conseil

Vous pouvez remplacer les grains de poivre blanc et les baies roses par un poivre aux cinq baies.

Salade de pommes de terre au curry et aux langoustines

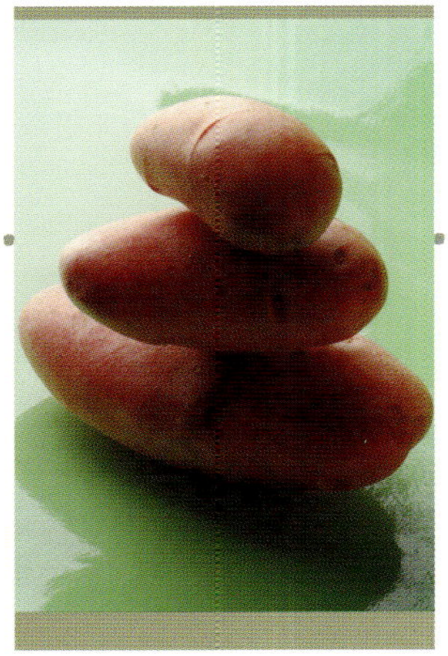

Préparation : 20 minutes
Cuisson : 25 minutes

Pour 4 personnes

5 pommes de terre type roseval de taille moyenne

8 langoustines cuites

25 jeunes pousses d'épinards

1 échalote

1 cuillerée à café de curry doux en poudre

1 cuillerée à soupe de ciboulette hachée

Le jus de 1 citron vert

5 cuillerées à soupe d'huile d'olive

Muscade

Sel, poivre aux cinq baies

Épluchez les pommes de terre. Faites-les cuire dans un grand volume d'eau salée 25 minutes à partir de l'ébullition. Égouttez-les et laissez-les tiédir.

Décortiquez les langoustines. Lavez soigneusement les pousses d'épinards et coupez les tiges. Épluchez l'échalote et émincez-la.

Dans un saladier, versez le curry, l'huile, le jus du citron vert, l'échalote, la ciboulette, salez, donnez 2 tours de moulin à poivre et à muscade et mélangez.

Découpez les pommes de terre en rondelles. Ajoutez-les dans le saladier avec les langoustines et les pousses d'épinards.

Mélangez et servez tiède ou frais.

conseil

Vous pouvez ajouter une demi-gousse d'ail écrasée.

Salade de pommes de terre au cervelas

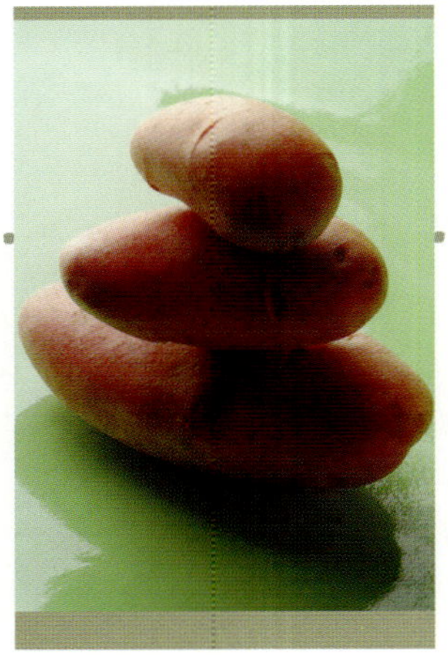

Préparation : 15 minutes
Cuisson : 20 minutes

Pour 4 personnes

6 pommes de terre type roseval de taille moyenne

300 g de cervelas

5 gros cornichons aigres-doux

1 échalote

½ gousse d'ail

1 cuillerée à café de moutarde à l'ancienne

2 cuillerées à soupe de mayonnaise

1 cuillerée à soupe de ciboulette hachée

1 cuillerée à soupe de persil haché

1 cube de bouillon de légumes

2 cuillerées à soupe de vinaigre de vin blanc au citron

20 cl de crème liquide

Noix de muscade

Sel, poivre

Épluchez les pommes de terre et coupez-les en huit. Diluez le cube de bouillon dans 2,5 litres d'eau bouillante salée. Ajoutez les morceaux de pommes de terre et faites-les cuire 20 minutes après la reprise de l'ébullition. Égouttez et réservez.

Épluchez l'échalote et l'ail. Émincez l'échalote et pressez la gousse d'ail. Coupez les cornichons en petits dés.

Dans une jatte, versez la crème et la mayonnaise. Ajoutez l'échalote, l'ail, la moutarde, la ciboulette, le persil, le vinaigre et les dés de cornichons. Salez et donnez 2 tours de moulin à poivre et à muscade. Remuez.

Coupez le cervelas en rondelles de taille moyenne et recoupez chaque rondelle en deux.

Dans un saladier, mélangez les morceaux de pommes de terre, de cervelas et la sauce aux cornichons aigres-doux.

Servez tiède ou frais.

conseil

Vous pouvez remplacer le cervelas par deux saucisses de Strasbourg.

Salade de pommes de terre orientale à l'oignon rouge

Préparation : 15 minutes
Cuisson : 25 minutes

Pour 4 personnes

5 belles pommes de terre type charlotte

1 petit oignon rouge

1/2 branche de céleri

2 cuillerées à café de houmous (purée de pois chiches)

8 cuillerées à soupe de sauce pour crudités

1 cuillerée à soupe de vinaigre citronné

Sel, poivre aux cinq baies

Épluchez les pommes de terre et coupez-les en quatre. Faites-les cuire dans un grand volume d'eau salée 25 minutes à partir de l'ébullition. Égouttez-les et recoupez-les en petits dés.

Épluchez l'oignon rouge et émincez-le finement. Lavez le céleri et coupez-le en petits dés.

Dans un saladier, versez le houmous, la sauce pour crudités, le vinaigre et donnez 4 tours de moulin à poivre. Ajoutez l'oignon, le céleri, les dés de pommes de terre et mélangez.

Servez tiède ou frais.

variante

Vous pouvez ajouter 1 cuillerée à soupe de citron et 2 cornichons aigres-doux coupés en petits dés pour plus de piquant !

Brochettes de pommes de terre à la tapenade

Découpez le gorgonzola en grandes lamelles et chaque lamelle en trois.

Lavez les pommes de terre. Faites-les cuire dans un grand volume d'eau salée 25 minutes à partir de l'ébullition. Égouttez-les et découpez-les en tranches de taille moyenne.

Insérez entre chaque tranche de pomme de terre un morceau de gorgonzola et un peu de tapenade. Salez et donnez 2 tours de moulin à poivre. Superposez les tranches pour reconstituer les pommes de terre et piquez-les avec un bâtonnet.

conseil

Idéal pour un repas sur le pouce. Vous pouvez également repasser ces pommes de terre fourrées 5 minutes sous le gril du four pour les colorer un peu.

Préparation : 10 minutes
Cuisson : 25 minutes

Pour 4 personnes

6 belles pommes de terre type manon

4 pommes de terre

4 cuillerées à café de tapenade noire

75 g de gorgonzola

Sel, poivre

4 bâtonnets pour brochette

Salade de pommes de terre au haddock fumé

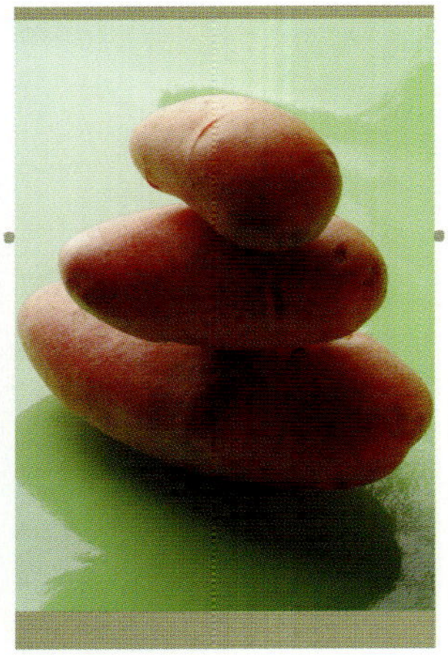

Préparation : 20 minutes
Cuisson : 20 minutes

Pour 4 personnes

- **6 pommes de terre type roseval de taille moyenne**
- **200 g de haddock fumé**
- **5 petits oignons blancs au vinaigre**
- **1 poignée de pignons de pin**
- **1 bonne cuillerée à café de moutarde**
- **1 pointe de safran en poudre**
- **2 cuillerées à soupe de ciboulette hachée**
- **1 cuillerée à soupe de persil haché**
- **30 cl de lait demi-écrémé**
- **2 cuillerées à soupe de vinaigre blanc au citron**
- **5 cuillerées à soupe de sauce pour crudités toute prête**
- **Muscade**
- **Sel, poivre**

Épluchez les pommes de terre et coupez-les en huit. Faites-les cuire dans 2 litres d'eau salée 20 minutes à partir de l'ébullition. Égouttez-les et réservez-les.

Enlevez la peau du haddock et coupez-le en lamelles. Dans une grande casserole, faites chauffer le lait avec 30 centilitres d'eau et ajoutez les lamelles de haddock. Faites-les pocher 15 minutes, puis égouttez-les.

Coupez les oignons blancs en deux.

Dans un saladier, versez la moutarde, le vinaigre et la sauce pour crudités. Salez et donnez 2 tours de moulin à poivre et à muscade. Ajoutez le safran et mélangez à nouveau.

Dans une poêle antiadhésive, faites dorer les pignons de pin quelques minutes en veillant à ce qu'ils ne brûlent pas.

Dans le saladier, mettez les pommes de terre, le haddock, les oignons coupés et les pignons, puis mélangez. Parsemez de ciboulette et de persil ; servez.

variante

Vous pouvez remplacer les pignons par des noix de cajou.

Salade de pommes de terre à la saucisse fumée et à l'estragon

Préparation : 15 minutes
Cuisson : 25 minutes

Pour 4 personnes

5 belles pommes de terre type roseval

1 saucisse fumée cuite

2 tranches de lard fumé

1 pomme golden

1 cuillerée à soupe de miel liquide toutes fleurs

1 cuillerée à soupe de moutarde Savora ®

10 feuilles d'estragon

3 cuillerées à soupe d'huile de tournesol

Sel, poivre

Épluchez les pommes de terre et coupez-les en quatre. Faites-les cuire dans un grand volume d'eau salée 25 minutes à partir de l'ébullition. Égouttez-les et recoupez les quartiers en quatre.

Épluchez la pomme et coupez-la en quatre. Retirez le cœur et les pépins et coupez les quartiers en petits dés. Coupez la saucisse en rondelles fines et recoupez ces rondelles en deux.

Coupez le lard en lardons et faites-les griller dans une poêle antiadhésive sans ajout de matière grasse.

Dans un saladier, préparez une sauce avec la moutarde, le miel, l'huile, l'estragon, du sel et 2 tours de moulin à poivre. Mélangez. Ajoutez les dés de pommes, les morceaux de pommes de terre, la saucisse et le lard.

Servez tiède ou frais.

variante

Vous pouvez remplacer la sauce par 6 cuillerées à soupe d'une sauce pour crudités toute prête, à laquelle vous ajouterez l'estragon.

pommes de terre farcies

Préparation : 20 minutes
Cuisson : 45 minutes

Pour 6 personnes

6 pommes de terre type manon
200 g de viande de bœuf
1 tranche de jambon blanc
1 tranche de jambon cru
6 tranches de lard fumé
2 cuillerées à soupe de sauce tomate aux légumes
1 tranche de pain de mie blanc
1 échalote
1/2 gousse d'ail
1 cuillerée à soupe de persil haché
4 cuillerées à soupe de lait demi-écrémé
3 cuillerées à soupe d'huile d'olive
Sel, poivre

Ficelle de cuisine

Préchauffez le four à 200 °C (th. 6-7).

Épluchez les pommes de terre et faites-les cuire dans un grand volume d'eau salée 20 minutes à partir de l'ébullition. Égouttez-les et creusez une cavité dans le centre de chaque pomme de terre. Déposez les pommes de terre dans un plat à gratin et réservez séparément les morceaux de pomme de terre prélevés.

Découpez les tranches de jambon en dés. Épluchez l'échalote et émincez-la. Épluchez la demi-gousse d'ail et pressez-la. Dans une petite assiette, faites tremper le pain de mie avec le lait.

Dans une poêle, faites chauffer l'huile d'olive sur feu vif et faites revenir l'échalote, l'ail, le jambon et la viande de bœuf. Faites cuire l'ensemble 10 minutes en remuant régulièrement.

Déposez ensuite ce mélange dans une jatte et ajoutez la sauce tomate, le pain de mie, les morceaux de pommes de terre prélevés et le persil. Mélangez avec une fourchette en écrasant les plus gros morceaux. Salez et donnez 2 tours de moulin à poivre.

Remplissez la cavité au centre des pommes de terre avec ce mélange. Enroulez les tranches de lard fumé autour des pommes de terre et ficelez-les. Répartissez l'excès de farce dans le plat à gratin. Enfournez pour 20 minutes.

Servez chaud accompagné d'une salade.

Salade de pommes de terre aux endives et au poulet, sauce tapenade

Préparation : 20 minutes
Cuisson : 25 minutes

Pour 4 personnes

4 pommes de terre type roseval de taille moyenne

1 blanc de poulet

1 endive

2 cuillerées à soupe de tapenade

1 cuillerée à café de coriandre hachée

2 cuillerées à soupe de vinaigre de Xérès

20 g de beurre

5 cuillerées à soupe d'huile d'olive

Poivre aux cinq baies

Épluchez les pommes de terre. Faites-les cuire dans un grand volume d'eau salée 25 minutes à partir de l'ébullition. Égouttez-les et laissez-les tiédir.

Lavez l'endive, retirez les premières feuilles et la base et découpez-la en rondelles fines. Découpez le blanc de poulet en lamelles.

Dans une poêle, faites chauffer le beurre sur feu moyen et faites griller les lamelles de poulet 7 minutes. Remuez-les régulièrement puis réservez-les sur du papier absorbant.

Dans un saladier, déposez la tapenade, le vinaigre, l'huile d'olive, donnez 2 tours de moulin à poivre et mélangez.

Découpez les pommes de terre en huit et déposez-les dans le saladier puis ajoutez l'endive et le poulet doré. Mélangez et parsemez de coriandre.

Servez tiède ou frais.

conseil

Vous pouvez remplacer la coriandre par du persil.

variante

Si vous n'avez pas de vinaigre de Xérès, vous pouvez le remplacer par du vinaigre balsamique.

Chèvres chauds aux pommes de terre et citron confit

Préparation : 20 minutes
Cuisson : 20 minutes

Pour 4 personnes

2 pommes de terre type BF15 de taille moyenne

4 fromages de chèvre type crottins de Chavignol

4 bâtonnets de citron confit

2 cuillerées à soupe de miel liquide

12 baies roses

1 cuillerée à café de coriandre fraîche

40 g de beurre

1 cuillerée à soupe d'huile d'olive

Sel, poivre

Du fil de cuisine

Préchauffez le four à 250 °C (th. 8-9).

Épluchez les pommes de terre et coupez-les en rondelles très fines. Dans une poêle, faites fondre le beurre sur feu moyen et faites dorer les rondelles de pommes de terre 5 minutes, ajoutez un peu d'eau puis couvrez et laissez-les cuire encore 5 minutes.

Découpez les bâtonnets de citron en petits morceaux. Dans un bol, mélangez-les avec le miel et les feuilles de coriandre.

Découpez les fromages de chèvre en deux ou en trois dans la largeur. Déposez entre chaque tranche de fromage un peu du mélange à base de miel et une rondelle de pomme de terre, puis ficelez les fromages comme des paquets-cadeaux.

Dans un plat à gratin, déposez les rondelles de pommes de terre dorées et disposez les fromages de chèvre ficelés.

Arrosez de quelques gouttes d'huile d'olive, salez, poivrez et ajoutez quelques baies roses. Enfournez pour 10 minutes puis passez-les 3 minutes sous le gril.

Servez immédiatement.

conseil

Vous pouvez servir les fromages dans des ramequins individuels.

variante

Vous pouvez remplacer la coriandre par du persil ou de l'oseille.

Salade de pommes de terre aux carottes, sauce à l'orange

Préparation : 20 minutes
Cuisson : 25 minutes

Pour 4 personnes

5 pommes de terre type charlotte de taille moyenne
2 carottes
1/2 pot de yaourt nature bulgare
2 cornichons aigres-doux
1 pointe de piment d'Espelette
1 cuillerée à soupe de basilic haché
Le jus de 1 orange
1 cuillerée à soupe d'huile d'olive

Épluchez les pommes de terre. Faites-les cuire dans un grand volume d'eau salée 25 minutes à partir de l'ébullition. Égouttez-les et laissez-les tiédir.

Épluchez les carottes et râpez-les. Découpez les cornichons en petits dés.

Dans un saladier, versez le yaourt bulgare, l'huile et le jus d'orange. Ajoutez le basilic, le piment et mélangez.

Coupez les pommes de terre en huit. Déposez-les dans le saladier avec les carottes râpées et les dés de cornichons et mélangez.

Servez tiède ou frais.

conseil

Vous pouvez ajouter une cuillerée à café de jus de citron pour renforcer le bon goût de la pomme de terre au yaourt.

pommes de terre en marmite

Lavez les pommes de terre. Grattez-les avec la lame d'un couteau sans les éplucher complètement. Coupez en deux les plus grosses.

Épluchez les échalotes.

Dans une Cocotte-Minute, déposez les pommes de terre. Ajoutez l'huile d'olive, le beurre, les feuilles de laurier, les gousses d'ail avec leur peau et les échalotes. Parsemez d'une bonne pincée de sel de Guérande et donnez 2 tours de moulin à poivre et à muscade.

Couvrez sans actionner la vapeur et laissez mijoter 25 minutes à feu très doux. Puis, fermez la cocotte et poursuivez la cuisson à la vapeur 7 minutes sur feu moyen.

Servez immédiatement.

conseil

Présentez vos pommes de terre fondantes et très parfumées avec un peu de beurre demi-sel.

Préparation : 15 minutes
Cuisson : 35 minutes

Pour 4 personnes

1 kg de pommes de terre type charlotte de petite taille

4 échalotes

4 gousses d'ail

2 feuilles de laurier

30 g de beurre demi-sel

5 cuillerées à soupe d'huile d'olive

Muscade

Sel de Guérande, poivre

pommes de terre au four à la crème ciboulette

Préparation : 10 minutes
Cuisson : 35 minutes

Pour 4 personnes

4 belles pommes de terre type manon
10 baies roses
1 cuillerée à soupe de ciboulette hachée
1 cuillerée à soupe de persil haché
1 cuillerée à café d'oseille hachée
4 cuillerées à soupe de crème épaisse
Sel, poivre

Préchauffez le four à 180 °C (th. 6).

Lavez les pommes de terre. Coupez-les en deux dans le sens de la longueur puis quadrillez chaque face intérieure à l'aide d'un couteau.

Dans un bol, mélangez la crème, la ciboulette, le persil et l'oseille. Salez et donnez 2 tours de moulin à poivre. Ajoutez les baies roses.

Déposez les demi-pommes de terre sur la plaque du four, face quadrillée vers le haut. Laissez-les cuire 35 minutes. Piquez-les avec la pointe d'un couteau : elles doivent être tendres. Sortez-les du four et nappez-les d'une bonne cuillerée à café de crème aux herbes.

Servez immédiatement.

conseil

Vous pouvez ajouter une échalote hachée à la crème aux herbes.

Mes pommes de terre sautées au beurre de thym

Préparation : 10 minutes
Cuisson : 35 minutes

Pour 4 personnes

1,5 kg de pommes de terre ratte

10 branches de thym frais

80 g de beurre

9 cuillerées à soupe d'huile d'olive

Sel de Guérande, poivre

Faites ramollir 40 grammes de beurre et mélangez-le à une pincée de sel de Guérande et aux fleurs de thym.

Rincez les rattes et grattez-les un peu avec un couteau sans dents. Essuyez-les avec du papier absorbant.

Dans une grande poêle, faites chauffer l'huile d'olive avec le beurre restant sur feu vif. Lorsque la poêle est très chaude, ajoutez les rattes et donnez 2 tours de moulin à poivre. Faites-les rissoler 20 minutes en les retournant régulièrement pour qu'elles soient uniformément dorées. Puis, couvrez-les et laissez-les cuire encore 15 minutes.

Égouttez-les et déposez-les dans un plat de service. Ajoutez le beurre de thym et mélangez. Servez aussitôt.

conseil

Des rattes de l'île de Ré ou de Noirmoutier seront délicieuses pour cette recette.

Flan de pommes de terre aux deux boudins

Préparation : 20 minutes
Cuisson : 1 heure 5 minutes

Pour 6 personnes

4 pommes de terre type charlotte de taille moyenne
150 g de boudin nature
150 g de boudin antillais
4 œufs
1 blanc de poireau
1 pomme golden
1 échalote
1 cuillerée à soupe de ciboulette
1 cuillerée à soupe d'oseille
1 cuillerée montante de farine fluide
20 cl de lait entier
2 cuillerées à soupe de crème épaisse
40 g de beurre
Muscade
Sel, poivre

Préchauffez le four à 180 °C (th. 6).

Épluchez les pommes de terre et coupez-les en huit. Faites-les cuire dans un grand volume d'eau salée 25 minutes à partir de l'ébullition. Égouttez-les et réservez.

Épluchez la pomme et coupez-la en quatre. Retirez le cœur et les pépins et coupez les quartiers en dés. Lavez le blanc de poireau et coupez-le en rondelles. Épluchez et émincez l'échalote. Ôtez la peau des boudins et coupez-les en rondelles de taille moyenne.

Dans une poêle, faites fondre la moitié du beurre sur feu moyen et faites revenir le poireau, l'échalote et les dés de pomme. Laissez dorer 6 minutes en veillant à ne pas les laisser attacher.

Dans une jatte, battez les œufs. Ajoutez le lait, la crème, la ciboulette, l'oseille et la farine. Salez, donnez 2 tours de moulin à poivre et à muscade et fouettez à nouveau.

Beurrez un moule à cake. Déposez le contenu de la poêle, ajoutez les pommes de terre puis les boudins. Recouvrez avec le contenu de la jatte et enfournez pour 40 minutes.

Servez immédiatement, accompagné d'une salade au vinaigre de framboise.

variante

Si vous ne trouvez pas de boudin antillais, utilisez 300 grammes de boudin classique ou jouez sur les variétés de boudin existantes dans nos régions : nature, aux oignons, à la crème, au riz ou aux châtaignes.

Tarte aux pommes de terre et à la raclette fumée

Préparation : 20 minutes
Cuisson : 50 minutes

Pour 4 personnes

3 pommes de terre type manon de taille moyenne

50 g de raclette fumée

1 pâte brisée

3 œufs

1 cube de bouillon de légumes

10 cl de crème liquide

30 g de beurre

Sel, poivre

Préchauffez le four à 180 °C (th. 6).

Épluchez les pommes de terre. Diluez le cube de bouillon dans un grand volume d'eau bouillante salée. Ajoutez les pommes de terre et faites-les cuire 25 minutes après la reprise de l'ébullition. Égouttez-les et écrasez-les à l'aide d'un presse-purée en incorporant la crème liquide.

Découpez la raclette en lamelles fines.

Cassez les œufs et séparez les blancs des jaunes. Intégrez les jaunes à la purée de pommes de terre et donnez 2 tours de moulin à poivre.

Montez les blancs d'œufs en neige avec une pincée de sel. Lorsqu'ils sont bien fermes, ajoutez-les à la purée et mélangez délicatement.

Beurrez un moule à tarte. Déroulez la pâte et tapissez-en le moule. Répartissez la moitié de la purée aux œufs. Parsemez des trois quarts de lamelles de raclette. Versez le reste de la purée. Recouvrez avec les dernières lamelles de fromage et enfournez pour 25 minutes.

Servez chaud avec une salade.

variante

Vous pouvez remplacer la raclette par du comté ou du beaufort. Il est également possible d'utiliser du jambon blanc fumé ou du lard à la place du fromage.

Frites insolites

Préparation : 15 minutes
Cuisson : 5 à 8 minutes

Pour 6 personnes

10 pommes de terre type bintje
Huile de friture
Sel de Guérande

Emporte-pièces

Épluchez les pommes de terre et coupez-les en tranches de taille moyenne. Avec les emporte-pièces, découpez des formes – objets ou personnages – et déposez-les dans l'huile très chaude. Laissez-les dorer 5 à 8 minutes selon leur taille.

Récupérez-les avec une écumoire et déposez-les sur du papier absorbant. Saupoudrez légèrement de sel de Guérande et dégustez !

conseil

Il existe aujourd'hui de nombreuses sortes de sel : parfumé aux herbes, aux épices ou provenant des hauteurs de l'Himalaya : à vous de tester !

Amandine

BF15

Bintje

Charlotte

Index

Manon

Ratte

Roseval

Shopping

Un grand merci pour leur collaboration aux boutiques, fabricants et show-rooms :

Vaisselle

Astier de Villatte, p. 17
Gargantua, p. 65
Guy Degrenne, p. 78
Jars, p. 61
Kahla, p. 29, 53
Philippe Deshoulières, p. 21, 49, 75, 85, 91
Sentou, p. 37, 89
Villeroy & Boch, p. 43
Virebent, p. 31

Verres

Philippe Deshoulières, 31, 61
Quartz, 49, 65, 91

Couverts

Guy Degrenne, 49, 78, 83
Sentou, 29, 67, 89

Nappes, sets, serviettes

Le Jacquard Français, 39, 55, 61, 67, 71, 75, 89
Libeco Home, 21, 37, 43, 53, 78

Accessoires

Mathon - gaufrier
WMF - en couverture

Renseignements et adresses

Astier de Villatte
Tél : 01 42 60 74 13
www.astierdevillatte.com

Gargantua
N° lecteur : 06 13 72 06 16
www.gargantua.ch

Guy Degrenne
N° lecteur : 02 31 66 44 00
www.guydegrenne.com

Jars céramistes
Quartier Rapon – 26140 Anneyron
N° lecteur 04 75 31 68 31

Kahla
www.kahlaporzellan.com

Le Jacquard Français
N° lecteur : 01 41 38 00 88
www.le-jacquard-francais.fr

Libeco.home
point de vente au 03 20 42 96 63
www.libeco.be

Mathon
N° lecteur : 0892 391 100
www.mathon.fr

Philippe Deshoulières
porcelaine et orfevrerie
N° lecteur : 02 48 52 60 60
www.ph-deshoulieres.com

Quartz
12, rue des 4 vents –75006 Paris
tél : 01 43 54 03 00
www.quartz-verreries.com

Sentou
26, bd Raspail – 75007 Paris
N° lecteur 01 45 49 00 05
www.sentou.fr

Villeroy & Boch
N° lecteur : 01 56 54 10 04
www.villeroy-boch.com

Virebent
7, rue Breguet – 75011 Paris
www.porcelainevirebent.com

WMF
40, avenue des terroirs de France
75012 Paris
Tel : 01 44 74 18 81
www.wmf.com

Remerciements

À Stéphanie, jeune femme, à l'âme rebelle et ultra-pétillante, qui m'a fait confiance et qui m'a soutenue avec beaucoup d'enthousiasme dans la conduite de cette nouvelle collection : je lui dois cette belle aventure.

À Catherine et Alain, pour avoir su traduire aussi bien ma pensée : merci pour vos choix toujours élégants et votre adaptation si charmante et si douce à mon rythme effréné.

À Anne, excellente directrice artistique, qui écrase les pommes de terre à la fourchette comme personne et à Vinaigrette, son inséparable associée.

À Antoine, pour son calme olympien... même en pleine tempête !

À mon mari et mon fils adorés, mes inséparables, mon air pur... les hommes de ma vie !

À mes parents et mes beaux-parents, mes plus fidèles fans et formidables nounous durant les prises de vue.

À Cyril et Véro, nos globe-trotters invétérés : les always tanned de la famille.

À mes grands-mères Jeanne et Marie-Marcelle, et à Kiki, Irène et Jean-Jacques :
4 femmes formidables et un homme au comique certain.

À nos amis, avec une mention spéciale pour Raph, Steph, Sev et Laet.

À Léo, pour son soutien permanent et son audace professionnelle que je salue.

À Seb le magicien, Grégory la malice et Gillou le filou : ils se reconnaîtront !

À mes lecteurs et mes fidèles, à tous ceux qui viennent me voir lors des dédicaces et qui m'encouragent.

Pour tous ceux qui ont des questions ou qui veulent avoir des précisions sur ces recettes ; n'hésitez pas ! Écrivez-moi à : nathaliecombier@yahoo.fr

Achevé d'imprimer en août 2005
sur les presses de l'imprimerie Pollina à Luçon - n° L97796
ISBN : 2-8307-0830-X
Dépôt légal : septembre 2005
Imprimé en France

Ducati
The Racing Story

DUNLOP
Castrol
MIKE HAILWOOD
DUCATI
SPORTS MOTOR CYCLES
SPORTS
MOTOR CYCLES
MANCHESTER
Castrol
TYRES

DUCATI

The Racing Story

Mick Walker

The Crowood Press

First published in 2002 by
The Crowood Press Ltd
Ramsbury, Marlborough
Wiltshire SN8 2HR

British Library Cataloguing-in-Publication Data
A catalogue record for this book is available from the British Library.

ISBN 1 86126 458 5

Dedication
To the memory of Gary Walker, a much-missed son and friend.

Photograph previous page: Mike Hailwood with his 1978 F1 TT-winning Team Castrol Sports Motorcycles NCR 900 bevel V-twin Ducati.

Typeset by Textype, Cambridge

Printed and bound in Great Britain by Bookcraft, Midsomer Norton

Contents

Acknowledgements

The first motorcycle race I witnessed was an international meeting at Snetterton in the spring of 1961, just a few short weeks after I had purchased my first motorcycle, a Ducati 250 Daytona. My attention was drawn, perhaps obviously, to the various Ducati entries: these included men such as Arthur Wheeler and the diminutive Gary Dickinson in the 125s, and Brian Clark, Mick Manley and Mike Hailwood in the 250cc event. Mike won this on a 250 Desmo twin from Tommy Robb (GMS) and Dan Shorey (NSU), with Brian Clark on his 175 Formula 3, converted to 198cc. From that time on, much of my motorcycling career has been dominated by the Bologna marque: my first road race at Snetterton in 1965 on a 175 F3; my dealership, begun in 1969; and my first book, *Ducati Singles*, in 1985.

For me, racing and Ducati have always gone hand in hand, right from the earliest bevel-drive overhead cam singles, through to the latest World Super Bike-winning

Mick Walker with his brand new Vic Camp 250 Mach 1 racer, Cadwell Park practice day, March 1966.

The author (left) with Ducati Museum's curator Marco Montemaggi (centre) and his hard-working assistant Livio Lodi (right); Bologna, June 2000. The bike is an early dohc Grand Prix single.

Desmo V-twins. In *Ducati Racing, The Complete Story*, I have attempted to bring the reader the full saga of Ducati's racing successes and failures, both at the factory and at privateer level. There are, of course, the big names such as Hailwood, Spaggiari, Smart, Rutter, Roche, Polen, Grau, Corser and Fogarty; but there are many lesser known riders who also played a vital role in the growth of the Ducati racing legend.

Likewise there are great moments that should be recorded, such as Antoni's sensational debut Grand Prix victory for the 125 Desmo single in 1956, and various exploits in endurance racing, and record-breaking achievements. These might include the Imola racing victory in 1972; Hailwood's great TT comeback in 1978; Rutter's quartet of TTF2 world titles in the early 1980s; and Ducati's huge success in the World Super Bikes, the first title being taken by Roche in 1990, and its success carried on by Polen, Corser and most of all Fogarty as that decade unfolded. Today there are new names, including Bostrom, Bayliss and Hodgson.

But Ducati's success at national and club level is not forgotten either, because here are to be found the stars of tomorrow – this, after all, constitutes the 'grass roots' of the sport.

No book such as this could be written without the co-operation and help of others. The list is almost endless, but here are a few who have helped in its preparation: Judy Davies for providing a truly inspirational location for completing the manuscript; Dave Evans, Nick Nicholls, Malcolm Wheeler, Rick Goldman, Doug Curran, Syd and Malcolm Tunstall, Pat Alexander, Ray King, Peter Byrne, Simon Morris, Scott Wilson, Brian and Robert Dymoke, Doug Jackson, Marco Montemaggi, Livio Lodi, Michael Moody, Luke Plummer, Dave Railton, Tony Rutter, Paul Smart, Steve Wynne, Phil Schilling, members of the British Ducati Owners' Club, and the Ducati factory themselves.

Many of the above also provided photographs; others came from private collectors and enthusiasts; the balance from my own archives.

Finally, I hope you derive as much enjoyment from reading *Ducati Racing – The Complete Story* as I have had compiling it.

Mick Walker
Wisbech, Cambridgeshire
October 2001

1 The History of Ducati, 1922–2001

1922 Adriano Cavalieri Ducati, a nineteen-year-old physics student, begins to experiment with radio transmitters, then a rarity.
1926 On 4 July Marcello, Adriano and Bruno Ducati, together with Carlo Crespi, incorporate their company Societa Scientifica Radio.
1930 The Ducati family's company now has thirty employees at Borgo Panigale, Bologna, where it remains today.
1935 On 1 June the company's foundation stone was laid.
1940 By 1940 a new, modern factory at Borgo Panigale on the outskirts of Bologna, employing nearly 10,000 workers, is in full production (it opened in 1939). Raselat, the first electric razor made in Italy, is produced by Ducati, only three years after the first American razors.
1941 Ducati produce an ingenious micro-camera, but research and development is stopped by the Fascist regime. Production only started after the war.
1943 German troops enter and occupy the Bologna works with twenty tanks.
1944 The Ducati factory is badly damaged by Allied bombing.
1945 Virtually all Ducati's various production facilities lie in ruins following heavy Allied bombing in the north of Italy. Turin lawyer Aldo Farinelli designs the Cucciolo (Little Pup) 48cc auxiliary engine, which can be fitted to a conventional pedal cycle.
1946 The Cucciolo engine enters production at Ducati's Borgo Panigale factory in Bologna. Originally this was built under licence from Siata in Turin. Over 250,000 were subsequently to be built by Ducati and exported.
1948 Ducati engineers redesign the Cucciolo engine under the designation T2.
1950 The first complete Ducati, the 60 Turismo, using a 60cc version of the Cucciolo engine with three-speed transmission, makes its debut. Ugo Tamarozzi, riding a 48 Cucciolo-engined bike, sets twelve new records.
1951 The first sports model, the 60 Sport, makes its debut. Its T3 series engine could produce 2.25bhp, and it could top 60km/h (37mph). It had a three-speed foot

Production of the 48 Cucciolo (Little Pup) auxiliary motor began in 1946; later, in 1948, Ducati engineers redesigned it under the designation T2. Over 250,000 of these tiny four-strokes were built. It was also to be Ducati's first racing engine.

gearchange. Tamarozzi sets more records, running the Cucciolo for forty-eight hours non-stop, in the process breaking twenty-seven world records, and establishing a new twenty-four-hour record for the up-to-100cc category.

1952 Presented at the Milan Show, a new 175cc ohv (overhead valve) scooter, the Cruiser, causes a stir with its advanced technical specification, which includes auto transmission with a direct-drive hydraulic converter; styling was by the noted Turin automobile design house, Ghia. However, against its two-stroke rivals, including Lambretta and Vespa, it failed for two reasons – its complexity, and its high purchase price. Also in 1952 the first 98cc ohv appears: previously the biggest Ducati motorcycle had been 65cc.

1953 Ducati splits into two separate groups: Ducati Meccanica (motorcycles and other mechanical vehicles and engines), and Ducati Elettrotecnica (electrical). Giuseppe Montano is appointed head of the Meccanica division.

1954 Ing. Fabio Taglioni, formally at Ceccato and FB Mondial, joins Ducati as chief designer. Ducati compete with a trio of 98cc models in the ISDT, held that year in Wales.

1955 Taglioni's newly conceived 98 and 125cc Gran Sport (Marianna) bevel-driven ohc singles make a big impact in both publicity and racing successes, including victory in the Milano-Taranto and *Giro d'Italia* (Tour of Italy).

1956 In May, Degli Antoni debuts the dohc 125 Grand Prix racer at the Faenza street circuit in Milan. Then, in July of that year the same rider makes a sensational debut on the new 125 Desmo in the Swedish GP – lapping the entire field at least once on his way to victory. The 175 Sport, the first of the street bikes to be developed from Taglini's bevel ohc single layout, is a major attraction of the Milan Show in November. Mario Carini and Santo Ciceri break over forty world records at Monza the same month on a streamlined 98 Gran Sport.

1957 The final running of the world-famous Moto Giro and Milano-Taranto long distance road races takes place – killed off by fatal accidents during the automobile Mille Miglia the same year. Leopoldo Tartarini and Giorgio Monetti begin a 60,000km (37,300 mile) round-the-world marathon on a pair of 175 Turismo models in September; a year later, in

Ing. Fabio Taglioni joined Ducati as chief designer on 1 April 1954; his first creation for his new employer came with the 98cc Gran Sport (Marianna) in the spring of 1955.

A fully streamlined 98 Gran Sport broke over forty world speed records at Monza in November 1956.

The dohc 125 Grand Prix pre-dated the Desmo model.

September 1958, the duo make a triumphant return to Bologna, having visited no fewer than forty-two countries and five continents.

1958 Ducati make a full-blown attack on the 125cc road racing world championships. Alberto Gandossi finishes runner-up in the series. Ducati win in Belgium, Sweden and at Monza; at the latter venue they blitz the field to take the first five places.

1959 The young Englishman Mike Hailwood wins his first-ever Grand Prix (the Ulster) aboard one of Taglioni's 125 Desmo singles. Mike goes on to finish third in the championship table that year. Ducati begin selling motorcycles in the USA, via the Berliner Motor Corporation of New Jersey. At the end of the year Ducati strike the first of their many financial problems.

1960 Just as the factory race department is being closed (due to financial restrictions), British importer Stan Hailwood (Mike's father) persuades Ducati to build 250 and 350cc Desmo racing parallel twins for Mike to ride. The first twin (a valve spring model) with a displacement of 175cc had debuted in 1957, and a 125 (a Desmo) had arrived the following year. In truth, none was to match expectations.

1961 The first full-size 250 Ducati single enters production in the shape of the Diana (Daytona, UK). This was soon to be followed by other versions for touring (Monza), dirt (Scrambler) and racing (Formula 3). Ducati introduce their first two-stroke models, powered by a 48cc piston-port engine in either single-speed or three-speed guise.

1963 A new range of two-stroke powered scooters is no more successful than the four-stroke Cruiser of a decade earlier. At the other end of the scale Taglioni designs the massive 1257cc V-four ohv Apollo for the Stateside importers Berliner. It never enters production.

1964 A prototype 285cc Mach I/S wins the gruelling Barcelona 24-hours endurance race at record speed, ridden by Bruno

TOP RIGHT: The 250 (and outwardly identical 350) were very fast, but when they arrived in 1960 they were underdeveloped, thus restricting their effectiveness.

TOP LEFT: 1958 Belgian GP, Alberto Gandossi not only won, but set the fastest lap in the 125cc race on his works Desmo at 99.06mph (159.39km/h).

Mike Hailwood won his first Grand Prix, the 1959 125cc Ulster, on a Desmo single. He is seen here on the machine at Silverstone the following year.

Dan Shorey (125 GP) won the Ultra Lightweight race at the Oulton Park International Trophy meeting in April 1960, averaging 74.26mph (119.48km/h); he also set the fastest lap.

Ducati's first production roadster 250, the Diana, made an equally effective clubman's racer. This is the American version, with flywheel magneto and no battery.

Launched in mid-1964, the 250 Mach 1 was considerably faster than the Diana and had the benefit of a five-speed gearbox. This machine is in production race trim, with Smith's tachometer and Vic Camp racing seat.

Spaggiari and Giuseppe Mandolini. Later that summer the 248cc Mach 1 goes on general sale. Capable of 100mph (160kph), it sports a 29mm Dell 'Orto racing carb, five speeds and 30bhp. Sixties' youth love it, but few can afford the price ticket.

1965 Engineer and factory rider Franco Farné tests Taglioni's 125 four. First designed in the early 1960s, by the time it is finished Honda have raised the stakes with a five cylinder model, so the Ducati ends its days touring the exhibitions of Europe. Years later it is discovered in, of all places, Riga, the capital of Latvia, before being returned to Italy in the early 1990s. The company's first 350cc model, the Sebring makes it bow.

1968 The first of the 'widecase' singles appears in the shape of the 350 Mark 3, soon followed by a 250 version, plus Scrambler and Desmo variants. A special works racing model of the Desmo is constructed and raced by Bruno Spaggiari and others.

The 1965 version of the Vic Camp 250 Mach 1 racer. Spec included fibreglass bodywork (although the steel front mudguard was retained), alloy rims, racing tyres and a megaphone.

The author at Snetterton in May 1966 during a very wet BMCRC Baragwanath Trophy race in his Vic Camp Mach 1.

1969 The widecase theme broadens to include not only 250 and 350cc bikes, but a brand-new 450 (actually 436cc). But Ducati are once again in the financial mire and this time the long-serving Dr Montano is removed from office and a large cash injection is made by the Italian government to stave off the possibility of bankruptcy.

1970 With the new government-appointed management duo of Arnaldo Milvio and Fredmano Spairani in place, chief designer Fabio Taglioni is given the green light to design a brand-new large displacement model. The prototype appears in August in the shape of a 750 90-degree V-twin with bevel-driven single overhead camshaft.

1971 Limited production of the new V-

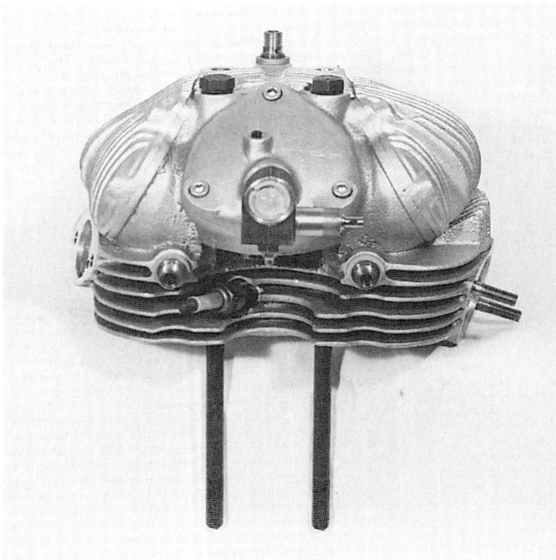

The cylinder head from Bruno Spaggiari's works 350 Desmo, 1968.

twin begins, now known as the 750GT. The top-selling Ducati model this year is the single cylinder Scrambler series. A prototype 500 GP V-twin is built on the lines of the 750.

1972 In April Ducati score their now famous 1-2 Imola triumph, when Paul Smart and Bruno Spaggiari create a sensation by finishing first and second respectively against the cream of the racing world including Giacomo Agostini and MV Agusta. A new version of the 750, the Sport, makes its bow.

1973 Often a happy hunting ground for Ducati over the years, Montjuich Park Barcelona, is the setting for the debut of the 860. The Spanish pairing of Benjamin Grau and Salvador Canellas does not win, but manages to tuck in more laps than anyone before them. The 750 Sport enters full production.

1974 This was the final year of the singles and the 750 round-case bevel V-twins. The beautiful, exotic 750SS (Super Sport) with Desmo valve gear goes on sale.

Phil Read testing the new 500GP V-twin at Brands Hatch, June 1971.

Paul Smart, winner of the Imola 200 race, April 1972.

1975 This is a disastrous year, with the 125 Regolarita (two-stroke enduro), 350/500 GTL (parallel twins) and the Giugiaro-styled 860 GT V-twin all proving notable sales flops. Only the 900 SS, using

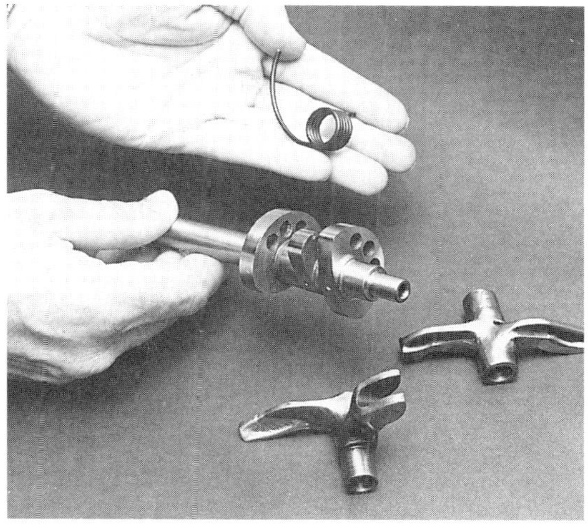

LEFT: The ill-fated Ricardo-Ducati three-cylinder 350cc Grand Prix racing engine of 1973; it never made it to the starting grid.

ABOVE: Camshaft, rocker and returning spring from a 1974 750SS Imola Replica.

The 750SS and 750 Sport (shown) were both capable of putting up good performances on the race circuit. This bike dates from 1974.

Percy Tait with the 750SS-based racer normally ridden by Doug Lunn, circa *1974.*

a Desmo version of the GT engine, saves the day.

1976 First displayed at the Bologna Show in December 1976, the 900 Darmah is styled by Tartarini, who earlier the same year was responsible for the Sport Desmo 350/500 parallel twin series.

1977 The first belt-driven engines appear in prototype form, in the shape of a single cylinder 350 and 500 90-degree V-twin. Both are the work of Fabio Taglioni.

1978 The year of the great Mike Hailwood TT victory. Riding an NCR 900 entered by Sports Motorcycles, the Englishman not only wins his race over the arduous Isle of Man circuit, but also takes the TTF1 World Championship title at the same time. NCR worked closely with Ducati for almost three decades. Owners Rino Caracchi and Giorgio Nepoti finally retired in 1995.

1979 The first series production Ducati with belt-driven overhead cams goes on sale in the shape of the 500 SL Pantah V-twin. This is the father of all modern Ducati Vs, including the four-valve-per-cylinder Superbikes of today. And to celebrate their first world title, the factory produces the Mike Hailwood Replica 900. Originally planned as a one-off exercise, it proves so popular that during the early 1980s it becomes Ducati's top-selling bike.

1981 Ducati win their second world title, thanks to the 600 TTF2 Pantah-based

The American Cook Neilson at Daytona in 1975 on his over-bored 750SS.

Mike Hailwood during his historic comeback victory in the 1987 Formula 1 Isle of Man TT.

Tony Rutter during the Formula 1 race at the 1981 British Grand Prix at Silverstone. He won four TT F2 world titles during the early 1980s for Ducati.

racer and its rider, the veteran Englishman Tony Rutter. This pairing goes on to win three more world championships (1982, '83 and '84). A 600 Pantah (the SL) goes into production for the street, the first production Ducati to use a hydraulic clutch.

1982 The last of the old-style bevel SS V-twins is built, in the shape of the 900 SS. Sales of Ducati motorcycles world-wide fall to an all-time low.

1983 A year of turmoil. Ducati is still owned by the Italian government and part of the VM Group via the state financial institution Societa Finmecconica. First the 900 S2 replaces the much-loved SS, then in June come the first contacts with Cagiva, initially to supply Ducati V-twin engines for fitment into Cagiva motorcycles. New versions of the Pantah appear – the 600 TL and XL 350.

1984 Cagiva begin work on the Elefant 650 with a Pantah engine, whilst at the end of the year a new 1000cc version of the famous bevel V-twin arrives, the Mille, with many revisions, including plain-bearing big-ends.

1985 On 1 May, Cagiva take over Ducati, and so after four decades the company reverts to private ownership and a new era is born. Tony Rutter wins his last TT riding a works TTF2. The new F1 750 street bike is launched; limited edition racers follow.

1986 A prototype four-valves-per-cylinder Superbike V-twin makes its debut in the French *Bol d'Or* endurance event. Paso and Indiana models go on sale. Marco Lucchinelli wins on an F1 at Daytona

1987 Marco Lucchinelli returns to Daytona and wins again, this time on the four-valve model.

1988 Lucchinelli wins the first-ever WSB (World Super Bike) race at Donington Park, England, on a racing version of what is now known as the 851. A total of 500 Kit and Strada 851 production models are built for sale that year.

1989 The 1989 Ducati WSB race team consisted of Raymond Roche and Baldassare Monti, with Lucchinelli as team manager; a year of development rather than winning. 906 Paso goes on sale.

1990 Raymond Roche wins Ducati their first World Super Bike world title, riding an 888cc-engined vee. The Ducati-powered Cagiva wins the demanding Paris–Dakar race.

1991 American Doug Polan repeats

At the end of the 1980s the new 851 liquid-cooled dohc, four valves-per-cylinder Desmo V-twin arrived to give the Bologna factory a new contender in world class racing.

Roche's success of the previous year. The 907ie enters production; the last of the Paso series. A new range of 750 and 900 SS models went on sale.

1992 Doug Polen wins the WSB title for a second year running.

1993 Officially dubbed the M900, the Monster created a whole new market when it arrived that spring. The racing-only Supermono was acclaimed not only for its race winning technology, but its superb style too.

1994 The Massimo Tamburini-styled 916 causes a sensation with press and public alike. Carl Fogarty wins his first WSB crown.

1995 The smaller 748 arrives; Foggy takes his second title before signing for rivals Honda at the end of the year.

1996 Australian Troy Corser becomes the new Superbike world champion. Ducati's first truly modern Sport/Touring motorcycle, the ST2, makes its public debut at the Cologne Show. The American investment house TPG (Texas Pacific Group) buys a 51 per cent share in the company.

1997 The 916 SPS enters limited production using the latest 996cc engine displacement developed via WSB racing.

1998 Fogarty returns to Ducati and promptly wins his third world title for the Italian marque. The four-valve ST4 makes its debut. TPG buy out Cagiva's remaining shares.

1999 Ducati is launched as a public company on the stock market. Carl Fogarty wins a record fourth World Super Bike championship.

2000 Fogarty suffers a serious crash early season, which will effectively mean the end of his racing career. New riders such as Ben Bostrom and Troy Bayliss join the team.

Hi-tech single, the Supermono made its debut in 1993 on the race circuit: here, racing journalist Alan Cathcart is riding his in the Support Race at the World Super Bike meeting at Donington Park, 2 May 1994.

The new 916 with James Whitham aboard looks back to see the opposition at Donington Park, 1994.

2001 Massimo Bordi Ducati's chief engine designer quits. Carl Fogarty retained by company as roving ambassador. Troy Bayliss win the WSB title. Ing. Fabio Taglioni dies in July, aged 80.

2 Early Efforts

For almost a decade, the pushrod engine dominated Ducati fledgling motorcycling efforts: this was the diminutive Cucciolo (Little Puppy Dog), and its tale is in stark contrast to the Bologna company's range of world-beating superbikes over half a century later at the beginning of the twenty-first century. Like many Italian industrial concerns, the end of World War II saw the Ducati works a pile of smashed rubble, in the aftermath of sustained Allied bombing in the last months of the conflict – the Ducati company being a prize target, thanks to their production of radio and electrical assemblies and component parts.

THE CUCCIOLO ARRIVES

Designed by Turin lawyer Aldo Farinelli, the Cucciolo engine was a highly innovative powerplant, originally manufactured in 1945 by SIATA, and later by CANSA. However, after Ducati purchased the rights to its manufacture, production was transferred in 1946 to the Borgo Panigale, Bologna Ducati works, when it became known as the T1.

This came via the Italian government as part of a national reconstruction plan, the government effectively stepping in to plug an area of potential unemployment. Ducati's facilities had a vast, unused production capacity, whilst Italy struggled back to work, hampered by a distinct lack of transport.

The Cucciolo (Little Pup) was a 48cc pull-rod micro-engine which was supplied as a kit, to 'clip on' to a conventional pedal cycle. It was largely responsible for putting Italy back on wheels following the end of World War II.

The Cucciolo engine was ideal in that it could be 'clipped' to a conventional pedal cycle, and unlike rival micro-engines, it had the big advantage of being a four-stroke, rather than the less economical

Period advertisement for the Cucciolo engine. Originally designed by Turin lawyer Aldo Farinelli and built by SIATA, the Cucciolo entered production at Ducati and became the basis of the company's post-war revival.

two-stroke. At first the 48cc (39 × 40mm) pullrod (as opposed to the more conventional pushrod-operated) valve engine was sold to other firms for fitment in complete machines, or simply as an engine unit (with exhaust, carb and pedalling gear) by Ducati themselves, to customers all round the world.

The series T1 engine type had exposed valve gear, but this was rectified by the introduction of the T2 version in 1948. A feature of both the original T1 and the improved T2 was that the cylinder head and block were manufactured in one piece.

At first Ducati sold the Cucciolo as an engine kit to be fitted to other manufacturers' vehicles. This cycle-like effort nonetheless features plunger rear suspension.

Another unusual feature was the oil system, which in place of a normal pump used the much simpler splash lubrication.

RACING BEGINS

Almost as soon as the first Cucciolo engine was built, someone was voicing the idea of racing it – after all, this was Italy! – the love of motorized sport enduring above virtually anything else. In fact the tiny Ducati-made engine was to find itself used for almost all forms of motorcycle sport, including road racing, trials, record breaking, even hill climbing!

By 1948 the two main contestants in the newly introduced 50cc Italian Championship were Alpino and the Cucciolo. As for the circuits, these were usually within the confines of cities such as Milan, Turin and Bologna. One of the most well known was the Milan Trades Fair course, home of the world famous Milan Show.

These small, ultra-lightweight machines proved popular, not only because they were cheap to buy and run, but also because they provided exciting, close racing around the narrow provincial streets. Of course, had they been let loose on a purpose-built

The Cucciolo was popular in the fledgling 50cc Italian racing class during the late 1940s. Here, Glauco Zitelli is racing his Cucciolo over a Milan street circuit in 1948.

circuit, such as the Monza autodrome, the sheer expanse of tarmac would have dwarfed both their size and low outright speed.

Names such as Zitelli, Alberto Farné (father of Franco), Miani, Pennati, Caroli Sozzani and Tamarozzi were the leading Cucciolo pilots – the word 'Ducati' did not really begin to be used until the beginning of the 1950s.

TAMAROZZI TO THE FORE

The name Ugo Tamarozzi is an important one in the early annals of Ducati two-wheel history. In 1950, at the ripe 'old' age of forty-six, he set no fewer than twelve world speed records riding a 48cc Cucciolo, that he had prepared single-handedly in a cellar of his Milanese home. Thanks to his skill as an engineer he was able to transform his machine into something considerably different from when it had first left the Bologna factory.

The following year, in 1951, the Cucciolo ran non-stop for forty-eight hours (except for refuelling) to set twenty-seven more world records, including establishing a new twenty-four-hour distance for the 100cc category.

THE ISDT

The International Six Days Trial, or ISDT, began in 1913 as a prestigious reliability event for standard production motorcycles. It rapidly expanded, and established itself as the most important test of the world's manufacturers. National pride as well as commercial benefits motivated manufacturers and individual riders to achieve often unprecedented feats of heroism and engine excellence. And it is against this background that Ducati was to establish its first factory-backed sporting successes at international level.

Once again Tamarozzi was involved: together with his team-mate Mario Visioli, he took part in the 1951 ISDT, staged around Varase in Italy in September that year. The two Ducatis, using a 60cc development of the Cucciolo engine, were the smallest machines in the event, which saw British Ariels, BSAs, Nortons, Royal Enfields and Triumph, Austrian Puch split-singles, Czech CZs and Jawas, German BMWs and Zündapps, plus various Italian marques including MV Agusta, Bianchi, Moto Morini Gilera and Rumi – and even a team of Vespa scooters. And although Visioli was destined to retire on the fourth day, Tamarozzi went on to gain a bronze medal.

When the 1954 ISDT was staged in Wales, Ducati sent three riders, now mounted on specially prepared versions of the 98cc ohv motorcycle that had debuted towards the end of 1952. Once again they were amongst the smaller-engined bikes entered. The trio were Alberto Gandossi (destined to finish runner-up in the 1958 125cc world racing championships on a Desmo single), Giovanni Malaguti and Alberto Farné. The small Ducatis generated considerable interest, Farné and Malaguti winning FIM silver medals; but the unfortunate Gandossi was hospitalized

By the mid-1950s the Cucciolo racer had been developed into a pukka track bike, with this example sporting front and rear suspension, hi-level exhaust, and tachometer.

Specially developed Cucciolo racing engine with rearward-facing exhaust, magneto ignition, and one-off engine components; circa mid-1950s.

after hitting a car driven by one of the locals, and thus took no further part in the event.

Ing. Fabio Taglioni's arrival as chief designer from FB Mondial on 1 April 1954 was to mean that priorities changed, this seeing trials replaced by road racing.

THE BRITISH CONNECTION

The British Ducati connection in these early days meant the Byfleet, Surrey-based Britax concern (more well known for its automobile accessories, including seat belts). Britax first made contact with Ducati in 1951 when it imported one of the Bologna company's recently released 60cc motorcycles. However, it was with the Cucciolo that Britax is mainly connected, becoming the official British importer of the engine for several years. Besides selling the engine, the concern also built and sold several Cucciolo-powered models, including the Scooterette and the Hurricane.

The Hurricane

The British-built Britax Hurricane was a 50cc-class over-the-counter racer, powered by a Cucciolo engine. Its only real claim to fame was its highly polished aluminium 'dustbin' streamlined fairing – which gave it the honour of being the first such British bike to be equipped as a standard fitment.

A group of six brand-new examples took part in a press launch one bright, sunny day in February 1955. The Britax 'works' rider Arnold Jones was there together with the customers who had pre-ordered the machine, a prototype of which had appeared towards the end of the previous year at the London Earls Court Show.

But sadly the Britax Hurricane failed on two counts. First of all, although 50cc racing was popular at that time in Italy and the rest of Europe, it had not yet taken hold in Britain. And, as even supported rider Arnold Jones soon found out, the bike was not fast enough – and was not helped by its use at conventional British short circuits, which were too large to make the 'fifties' much of a spectacle. In any case,

An extremely rare photograph taken at Blandford Army Camp, Dorset, England on 6 February 1955, showing six Britax Hurricane racers. These used the 48cc Ducati Cucciolo engine, and made history by being the first production British bike to be fitted with an aluminium streamlined shell.

after 1955 Britax's efforts faded from the motorcycle sector, concentrating increasingly on its successful car component arm.

SUCCESS IN THE MOTO GIRO

Back in Italy, Franco Petrucci had finished 3rd in the 75cc class of the 1951 Milano-Taranto long distance road race on a 60cc Ducati Sport. Then in 1954, a trio of the new 98cc models came home 9th, 11th and 13th, ridden by Alberto Ceccarelli, Antonio Santoni and Roberto Tondi respectively.

But without doubt the pushrod-engined Ducatis' biggest success came in the 1954 *Giro d'Italia* (Tour of Italy) when Alberto Gandossi brought his works support 98 Sport home an excellent 3rd in this classic event. Gandossi's machine sported a tuned engine with a 20mm carburettor, 10:1 compression ratio and a maximum speed of around 70mph (110km/h). Other changes to the standard specification included alloy rims, a full width front brake hub, abbreviated mudguards and a tank top pad with low handlebars.

However, with Ing. Taglioni at the helm, development of the pushrod engine, was ceased at least for competition purposes. Instead, a new era was about to begin with Taglioni's newly created bevel-drive overhead engines and a far bigger race budget which was to see the Ducati name explode onto the international scene in such style over the following years. But the pullrod and pushrod-powered machines had none the less played an important role in getting Ducati onto two wheels in the first place and thus deserve to be remembered.

3 The Marianna

Appointed to the post of managing director when Ducati split its electrical and mechanical divisions into two separate organizations during 1953, *Dottore* Giuseppe Montano was again given the job of running the *Mecanicca* operation. The whole purpose of this move was to make Ducati more efficient, so that the design and development of powered two-wheelers (together with small capacity diesel engines) could progress, and the department could make its own decisions, and get away from the considerations and constraints that were inevitable as part of one huge empire.

Montano at once realized that the most effective way to broaden Ducati's horizon as a bike builder was through participation in sport, at international level – and not just simply to take part, but with the express purpose of winning. Unlike many other officials within the Italian motorcycle industry, Giuseppe Montano was not hindered by tradition – as he reached his view after examining the problem as an outsider, his experience had been gained as a business executive, not as a motorcycle enthusiast or, for that matter, someone familiar with motor sport.

TAGLIONI ARRIVES

Having decided on his policy, Montano then had to find a suitable candidate, one to whom he could entrust the engineering design and development of motorcycles not only capable of winning races, but also series production models with which to take on and beat the rest of the industry. On the face of it, this seemed a difficult task, because with a vibrant motorcycle trade across Europe at that time, the best designers were all contracted to existing manufacturers. Nor did Montano want the likes of Giuseppe Salmaggi, who although a gifted designer, was a freelance, and thus would design a model or two and then move on to new pastures.

But good fortune was to smile on Montano and Ducati, and bring them the Ceccato and FB Mondial technician, *Ingegnere* (engineer) Fabio Taglioni, who joined Ducati on 1 April 1954. Taglioni was then thirty-four years of age, and keen to head up his own design squad. (This had not been possible at his former employers FB Mondial, as this post was occupied by their design supremo, Ing. Alfonso Drusiani.)

THE MARIANNA BREAKS COVER

As Ducati was mainly interested in sports racing – at that time, events such as the *Giro d'Italia* or Milano Taranto – Ing. Taglioni's first task was to design a suitable motorcycle for this form of racing. However, when mapping out his initial design he looked to the future and also took

Fabio Taglioni

Fabio Taglioni was born on 10 September 1920 in the country town of Lugo in north-east Italy. Lugo is in an area known as Emilia Romagna, and is famous for its fine foods and Lambrusco and Sangiovese wines.

After wartime service Taglioni studied at Bologna University, where he gained a degree in industrial engineering in 1948; he also studied at an Imola teaching college. It was during this time that he first made drawings of a V4 motorcycle engine. In 1950 he joined the Cecatto concern, specializing in high quality lightweight bikes; later he transferred to FB Mondial, where he worked under their chief designer, Alfonso Drusiani. Then on 1 April 1954 came the move to Ducati, as head of design; he was thirty-four years of age.

His first new design for Ducati was the 98cc Gran Sport (Marianna), which made a stunning debut at the beginning of the 1955 racing season in events such as the Giro d'Italia (Tour of Italy) and the Milano-Taranto long distance road events.

Over the next three decades he designed many of the company's most famous models, including the 125 Desmo single GP racer, the 1960s 250 Mach 1, the Desmo range of single production roadsters, the 750 GT (the first of the now familiar V-twins), the Imola race winner of 1972, the 900 bevel V-twin, the Pantah (the first of the belt-driven Vs), plus many other well known models.

Taglioni was also a racing enthusiast, so he was always directly involved with his designs, and their transition from drawing board to the race circuit. There was true passion too; he wasn't simply doing a job of work, but instead creating a living object. Anyone who has seen *and* heard a racing Ducati will understand this.

After 1983 Fabio Taglioni worked only part-time in a consultancy capacity; his last day at the Bologna factory was in May 1989.

At the very first WDW (World Ducati Week) in 1998 a frail Taglioni was greeted in royal fashion by the massed ranks of *Ducatisti* gathered from all around the world. He was given a bigger reception than anyone, including today's World Super Bike stars.

On the 20 September 2000 Fabio Taglioni celebrated his eightieth birthday; he died in July 2001.

Making its debut in the spring of 1955, the 98cc (49 × 52mm) Gran Sport (more commonly known as the Marianna) was the forerunner of the famous ohc bevel singles family.

into account a line of street bikes, and even a possible entry into Grand Prix racing.

He realized that the engine would need to be a single, with an overhead camshaft and of the unit construction type, with an integral oil sump, thus cutting down on weight; there would be no oil tank or separate clutch and gearbox assemblies. As Taglioni did not like chains, the primary drive would be by gears.

He chose a displacement of 98cc because, as a start, this would allow development upwards of the basic theme. Compared to the models that were to follow, this first engine was unusual in having long-stroke 49 × 52mm dimensions. Sturdily constructed and offered at an affordable price, the newcomer's official designation was Gran Sport, often shortened to GS. It was also soon given the nickname 'Marianna' (Marianne): according to Taglioni himself, this was in recognition of the Holy Marianne Year being celebrated in 1955; or the name could have been derived from the day on which the bike made its race debut.

The Marianna's first race came early in the 1955 season, when a number of factory-backed entrants (most from the local area around Bologna) filled out the class leaderboard positions in both the *Giro d'Italia* and the Milano-Taranto long-distance road marathons. In its favour, Ducati's newcomer was not only fast, it was also reliable; and like the subsequent 125cc version, it sold readily in Italy and abroad (a total of around 350 units combined of the two engine sizes).

MARIANNA RECORD BREAKER

The Marianna wasn't just a brilliant track tool, it was also a successful record breaker, something it proved one sunny but bitingly cold day at Monza in November 1956. On this occasion one ridden by Mario Carini and Santo Ciceri broke no fewer than forty-four world speed records.

With works backing – Ing. Taglioni himself was involved – the bike that Carini

One of the 98cc Mariannas being checked over by a factory mechanic during the 1955 Giro d'Italia (Tour of Italy). The rider is the class race winner, Gianni Degli Antoni.

Leopoldo Tartarini (156) with his Marianna during the 1955 Giro; the other bike (157) is a Ceccato.

A 1956 model 98cc GS Marianna on the company's stand at the international Milan Show that year.

Front of a Ducati catalogue showing the model range as it was in the mid-1950s; the 98 Marianna GS is to the extreme right.

and Ciceri used was virtually a standard Marianna 98 Gran Sport with a larger 25mm (stock – 20mm) Dell 'Orto SS carburettor, modified gearing and a specially commissioned aluminium streamlined shell. The engine was not tuned, the reasoning being that this would have increased the likelihood of problems when trying to maintain reliability over long distances. And in any case, Taglioni felt that the standard engine would provide enough speed – in which he was proved correct.

The diminutive Ducati ended up setting thirteen new records for the 100cc category, a further thirteen in the 125cc class, and the remaining eighteen in the even larger 175cc section. Perhaps even more impressive was the fact that Carini and Ciceri also posted five new records in the 250cc displacement category.

But of all the records gained, the most impressive was for the 1,000km (620 miles) distance, with the team averaging almost 160km/h (100mph) for the entire distance. Even today, nearly half a century later, this seems an incredible speed for a mere 98cc, single cylinder, four-stroke engine; so just imagine the awe felt by observers when it was set.

Of the two pilots, the Milan-based Carini was by far the most experienced, with a career that had involved riding for FB Mondial and Vespa factories in long distance events, including trials. In contrast, Ciceri had only begun competitive riding the year before, when almost first time out he had won the Trofeo

Cadetti (Cadet Trophy), riding another 98 Marianna.

This successful record-breaking spree brought international publicity for Ducati, with motorcycling publications all over Europe covering the story. It also proved a major attraction on the company stand at the Milan Show, which began a few days after the record haul had been completed.

Technical Details

The 98cc version had an initial power output of 9bhp at 9,000rpm, with the engine running on an 8.5:1 compression ratio, which was later boosted to 12bhp at 10,500rpm. As a result, the maximum speed rose from 80 to 87mph (129 to 140km/h): this was in 'as supplied' naked guise, without any form of streamlining. The larger Marianna was achieved very simply – and cheaply – by boring out the cylinder to 55.5mm, giving a displacement of 124.558cc.

In both versions, the engine was a supremely neat and compact unit construction assembly with a single overhead camshaft, exposed rockers and hairpin valve springs. The light alloy cylinder with cast-iron liner was inclined 10 degrees forward; there was an alloy cylinder head with 80-degree valve angle and a separate cambox (unlike later models); and the crank cases were split vertically. The straight-cut primary drive gears and wet multi-plate clutch were on the nearside, transmitting power to a four-speed, close-ratio gearbox. The crankshaft, with full-circle flywheels, carried a flywheel-mounted generator on its drive-side end, supplying current for the six-volt battery of the coil ignition system; at the opposite end, outside the timing bevel, a gear with straight-cut teeth provided the drive for the oil pump and also for the contact breaker. Adjustment to the points could be made through a spring-retained inspection cap at the front of the crankcase timing cover.

The overhead camshaft was driven by vertical shafts and bevel gears, with a split Oldham's coupling half-way up the side of

The Marianna engine. This view shows details such as the four-speed close-ratio gearbox, straight-cut primary gears (helical on roadsters), exposed hairpin valve springs, and forged three-ring piston.

the cylinder barrel. The crankshaft was equipped with a replaceable connecting rod, which featured a caged roller-bearing big end and a phosphor-bronze bush small end. There was wet-sump lubrication, with an integral oil container at the base of the crank cases. This featured a washable oil strainer as the filter element. Throughout the engine, the castings and material were of a particularly high standard.

Over-Engineered

If anything, Ducati's Gran Sport was over-engineered, not only making it very suitable for the long distance road events of the era, but also as the basis for ever-increasing displacement increases as time went by (culminating in 435.661cc – 86 × 76mm in 1969). Except for the pure racing components – such as a double-webbed connecting rod, straight-cut priming gears, high compression-forged three-ring Borgo-made piston, separate cambox, exposed valve gear and a few other small details – it was essentially the same as the series-production roadster singles that soon followed. The frame and the rest of the running gear acted as prototypes for what was to come later. The

The Gran Sport 100 (1955)

Engine:	Air-cooled, four-stroke, sohc, 10 degrees forward inclination of cylinder, two-valve single, exposed valve gear
Bore:	49.4mm
Stroke:	52mm
Displacement:	98cc
Compression ratio:	8.5:1
Maximum power (at crank):	9bhp at 9,000rpm
Lubrication:	Wet sump, with gear-driven pump
Ignition:	Battery/coil
Fuel system:	Dell 'Orto SSI 20mm carburetor
Primary drive:	Straight-cut gears
Final drive:	Chain
Gearbox:	Four-speed
Frame:	Single tube, open cradle in tubular steel; engine as stressed member
Front suspension:	Telescopic front fork, fully enclosed
Rear suspension:	Swinging arm, twin shock
Front brake:	Amadori SLS drum
Rear brake:	Amadori SLS drum
Wheels:	17in front and rear
Tyres:	2.75 × 17 front and rear
General Specifications	
Length:	N/A
Width:	N/A
Height:	N/A
Seat height:	N/A
Ground clearance:	N/A
Fuel tank capacity:	15 litres (3.3gal)
Dry weight:	80kg (176lb)
Maximum speed:	115km/h (87mph)

Italian Long Distance Races

The decision taken by the Italian government to cancel by decree the 1958 running of the famous Giro d'Italia (Tour of Italy) and the Milano-Taranto road races robbed not only Italy but the entire motorcycling world of two of its greatest spectacles. On the surface this might seem overstated, as few non-Italians actually witnessed these events. However, when one considers exactly how demanding they were, it is easier to appreciate the disappointment caused by their loss.

The Giro was staged for the first time in 1953, and was restricted to machines with engines not exceeding 175cc. This might sound easy, but I can assure you it was not, with its spectacular point-to-point stages run over nine days and covering some 1,300 miles (2,090km) of ordinary Italian class 'A' and 'B' roads (this being before the country was criss-crossed by the *autostrade* network).

The stages varied in length from a mere 50 miles (80km) to almost 300 (480km) in a single day. Considering that many of the bikes taking part were little more than tuned lightweights or mopeds, this was a feat in itself – but to try it under pukka racing conditions was a real challenge. Furthermore, running the event in the spring invariably meant several days of harsh weather, including rain, mist, wind and even sometimes snow! Thus the Giro's claim to have been the most difficult of motorcycle races ever conceived, has to be taken seriously.

In 1957 the weather was truly vile, with snow, hail, sleet or rain on seven of the nine days. The top six places were occupied by five different marques: MV Agusta, Morini, FB Mondial, Gilera and Bianchi. And if the Giro wasn't tough enough, then there was the even more demanding Milano-Taranto, run in a single leg from one end of Italy to the other. Unlike the Giro, the Milano-Taranto was open to bikes up to 500cc, sidecars, and at one time even scooters, in a history that stretched back to 1919. Then it was named the Milano-Napoli, the first event having been won by a 350cc Garelli split-single two-stroke at just 24mph (38km/h).

From then until 1936 it was won by a variety of different makes, including Harley-Davidson and Indian marques from American and Frera, Bianchi, and for three years running, Moto Guzzi. The Guzzi factory continued this form by winning the inaugural running of the new-length Milano-Taranto in 1937.

frame was an all-steel construction consisting of an open cradle, single downtube design, with the engine forming an integral stressed member.

Other technical details of this, Taglioni's first Ducati design, included a Dell 'Orto SSI racing carburettor (both the 98 and 125cc GS models using a 20C-20mm type); fully enclosed, Marzocchi-made front and rear suspension; single leading-shoe conical brake hubs; aluminium wheel rims; an 18-litre (4 gal) alloy fuel tank; a single 'bum-stop' racing saddle; and a long, shallow-taper megaphone exhaust, finished in sparkling chrome. The reputation this later component acquired helped set the Ducati apart, thanks to its deep, bellowing note.

Larger Displacement

When Taglioni had first conceived the Gran Sport series, he made no secret of his intention to produce larger versions, the first being the 125, and later the 175cc. But whereas the 125 had been a relatively simple task, the 175 required much more work. The 175 series was also the first true series-production version of Taglioni's classic bevel-drive single overhead lineage to be offered for general sale.

The 175 model range was fairly comprehensive, and most models were manufactured in relatively large numbers and in a range of styles: these included:

T (Touring)
TS (Touring Sport)
S (Sport)

Ducati Successes in the Milano-Taranto

1951	75cc	3rd	Franco Petrucci
1954	100cc	9th	Alberto Ceccarelli
		11th	Antonio Santoni
		13th	Roberto Tondi
1955	100cc	1st	Gianni Degli Antoni
		2nd	Francesco Villa
		3rd	Ettore Scamandri
		4th	Bruno Spaggiari
		5th	Glauco Zitelli
		6th	Antonio Graziano
		7th	Artemio Cirelli
		9th	Gregorio Tini
		10th	Gualtiero Vighi
		11th	Remo Rosati
		12th	Antonio Santoni
		13th	Filippo de Bellis
	125cc	1st	Giuliano Maoggi (average speed 62.4km/h/38.8mph)
		3rd	Luigi Falconi
		10th	Enrico Diano

Overall Classification

16th	Giani Degli Antoni (Ducati 98)
17th	Francesco Villa (Ducati 98)
18th	Ettore Scamandri (Ducati 98)
19th	Bruno Spaggiari (Ducati 98)
21st	Giuliano Maoggi (Ducati 125)
29th	Luigi Falconi (Ducati 125)

The overall winner of the 1955 Milano-Taranto was Bruno Francisco on a factory-entered Gilera 500 four in 11hr 5min 25sec, at an average speed of 78.44mph (126.2km/h).

1956	100cc (Sports)	1st	Alberto Gandossi (average speed 62mph/99.8km/h)
		2nd	Bruno Spaggiari
		3rd	Marcello Sestini
		4th	Luigi Falconi
	125cc (Sports)	1st	Gianni Degli Antoni (average speed 64.47mph (103.7km/h)
		2nd	Giuliano Maoggi
		3rd	Paolo Maranghi
		5th	Silvio Malaguti
		6th	Gianfranco Mariotto

Overall classification

5th	Gianni Degli Antonio (Ducati 125)
10th	Guiliano Maoggi (Ducati 125)

14th Alberto Gandossi (Ducati 98)
15th Paolo Maranghi (Ducati 125)

The overall winner of the 1956 Milano-Taranto was Pietro Carissoni riding a single-cylinder Gilera Saturno in 12hr 7min 32sec, at an average speed of 66.25mph (107km/h).

The 1957 Milano-Taranto never took place. After an horrific accident that caused death and injury to several of the crowd during the Mille-Miglia (an automobile 'roads' event in a similar vein to that of the Milano-Taranto), such events throughout Italy, for both four- and two-wheel machines, were dropped.

A cigarette in his mouth, Giuliano Maoggi seen after his outright victory in the 1956 Giro d'Italia. His mount is a 125 Marianna.

Following up the success of the 98cc version, Ing. Fabio Taglioni enlarged the GS (Marianna) engine first to 124cc (seen here) and finally to 174cc. All had exposed valve gear.

A 125 Gran Sport at the Kuala Lumpur (Malaysia) Grand Prix, 1964. Also in the picture are a number of 250 F3s.

Americano (US Custom)
GS (Gran Sport)
Formula 3 (racing)
Motocross (on- and) off-road

Both the T and S entered production in December 1956, and represented over two-thirds of the final production figure for the series. Except for the GS, all featured enclosed valve gear.

FORMULA 3

The most potent of the 175cc single cylinder production models was the alluring Formula 3. As early as 1959, in line with their policy of replacing old with new, Ducati phased out its Gran Sport models in favour of the new Formula 3 series. It was to be built in three engines: the 175 (1959–61), the 125 (1959–61) and the 250 (1961–2). All three were pure-bred, hand-built racing motorcycles, built for Italian Formula 3 competition. This specified that specially prepared versions of existing mass-produced models could be sold and raced. There was also a Formula 2 class that allowed machines such as the 125 Desmo single to take part.

The trio of F3s were, in the author's opinion, amongst the most beautiful production bikes ever offered for sale, and rank alongside such classics as the Manx Norton, the AJS 7R and the Velocette KTT. And like these three, they were exceedingly expensive. For example, in Great Britain in 1959, the 175 F3 was more expensive than a 499cc 30M Manx Norton, costing a whacking £538 19s 6d; this was reduced to £521 3s 11d the following year, and remained at this price until it was axed from the Ducati list in 1961.

Brand-new 125 Formula 3 with its owner Raino Loponen of Finland, who achieved some excellent results even at international level in Scandinavian events during 1959–61. This photograph was taken upon delivery, in the spring of 1959.

The next development of the Marianna theme was the Formula 3 series. Both were limited production bikes originally intended for clubman's-type racing events. But whereas, the Gran Sport had exposed valve gear, the F3's was enclosed. This is Stuart Mather with his 125 F3 at Rhydymwin circuit, North Wales, September 1962.

The 175 Formula 3 (1959)	
Engine:	Air-cooled, four-stroke, sohc, 10-degree forward inclination of cylinder, two-valve single, enclosed valve gear
Bore:	62mm
Stroke:	57.8mm
Displacement:	174.5cc
Compression ratio:	9:1
Maximum power (at crank):	20bhp at 9,000rpm
Lubrication:	Wet sump, with gear-driven pump
Ignition:	Battery/coil
Fuel system:	Dell 'Orto SSI 27mm
Primary drive:	Straight-cut gears
Final drive:	Chain
Gearbox:	Four-speed
Frame:	Single tube, open cradle in tubular steel; engine as a stressed member
Front suspension:	Telescopic front fork, fully enclosed
Rear suspension:	Swinging arm, twin shock
Front brake:	Amadoro SLS double-sided drum
Rear brake:	Amadoro SLS drum
Wheels:	18in front and rear
Tyres:	2.75 × 18 front and rear
General Specifications	
Length:	N/A
Width:	N/A
Height:	N/A
Seat height:	N/A
Ground clearance:	N/A
Fuel tank capacity:	N/A
Dry weight:	N/A
Maximum speed:	160km/h (100mph)

Across the Atlantic

A notable competitor on a 175 Formula 3 was Ducati employee Franco Farné. Farné had been sent by the factory to the USA in late 1958 to assist their newly appointed importer, the Berliner Motor Corporation of New Jersey, as a 'sales representative'. It was Farné's job to travel to various fledgling dealers across the States, instructing them on the finer points of how to promote the Italian marque correctly. It was also his task to show his American hosts just how well a racing Ducati could perform, and for this purpose the works had shipped over a 175 F3 and a 125 Desmo single. Most of Farné's American track time came aboard the 175, the 125 Desmo being mainly a technical showpiece (largely because American Motorcycle Association (AMA) rules virtually banned works specials).

Some 175 F3s were later imported, but the main Formula 3 arrival in the States was the 250 Formula 3 from 1962 (*see* Chapter 5).

British Formula 3

In Great Britain a small number of both the 125 and 175 F3s were sold from 1959 until 1961. In the 14 May 1959 issue of *The Motorcycle,* Vic Willoughby went to Brands Hatch to sample one of the 125 F3 models; it was reported that:

> A dozen Formula 3 Ducatis are being brought into the UK to sell at £470 apiece, which means that a dozen lucky lads will have a lot of fun coming their way. And a great deal of pride of ownership too, for the little model is superbly engineered in every detail.

Willoughby went on to describe how 'the Latins have really got stuck into the Formula or production-racing scheme on a national basis'. This was followed by:

> The Ducati is a four-speed, single-overhead-camshaft production model complete with kick-starter, AC generator, rectifier, lights, horn, tools and silencer. But it is supplied with a reverse cone megaphone to replace the silencer, a set of number plates, and a selection of jets and sprockets. So in a trice it sheds its decorum and becomes a racer – a model that can be ridden to a meeting, converted, raced and ridden home again.

Francesco Villa with the 175 Formula 3 he rode to victory in the support race for Italian F3 bikes at the Italian GP at Monza, 14 September 1958.

Francesco Villa receiving the garlands of victory after his success in the F3 event at Monza in September 1958.

BELOW: *The 1959 production 175 Formula 3 model, complete with lighting equipment, kick-starter, horn, centre stand and Veglia racing tachometer.*

The 175 F3 engine (174cc 62 × 57.8mm) showing the external oil lines, Dell 'Orto SS1 carb, bolted up exhaust header pipe, and camshaft-driven tacho drive.

BELOW: *Scarborough International road races, September 1960; Brian Clark with his modified F3, converted to 198cc, large-capacity fuel tank five-speeds and one-off aluminium 'TT'.*

But as Vic Willoughby found, the road equipment, including the silencer, were there mainly to comply with the domestic Formula racing rules. He commented:

> Not unexpectedly, the silencer slaughters the engine performance. Even on the smallest main jet supplied, the mixture is hopelessly rich if the throttle is opened wide, and a soft plug is necessary to avoid sooting. But the engine plonks well on small throttle openings at moderate rpm (below 4,000 minimum calibration on the rev meter) so that road use is feasible!

The author can confirm that it *was* practical to use the 125 F3 on the street (with the restrictive Silentium silencer), as he purchased an example that was being used for everyday commuting in London! This was subsequently sold to an East Yorkshire enthusiast, Andy Farrar.

As far as the 175 F3 was concerned, this was just about top dog in the Italian Formula 3 racing scene. For example, in the support race for such machines at the Italian Grand Prix at Monza in September 1958, works rider Francesco Villa won; he also finished third on the prototype of the new Desmo 125 twin in the Ultra Lightweight GP. However, in Britain the bike could at best only take part in the 200cc class (although usually such races were confined to Scotland or Ireland), or struggle against full-blown two-fifties in the 250cc class. In this latter category bikes such as the NSU Sportmax and later the Aermacchi Ala d'Oro were miles an hour quicker. Even so, a few 175 F3s were sold by importers Kings of Manchester – and indeed, it was on one of these that the author began his racing career.

THE 220

Basically, the 220 came about thanks to the Australian 'Continental Circus' rider

The '220'. Essentially a dohc version of the GS/F3 design, it featured five-speeds and a displacement of just over 216cc. This is the last one constructed with Oldani brakes; all the others came with Amadoro stoppers.

A batch of twenty-five 125cc Ducati Formula III machines at the company's Bologna factory in January 1959. Together with a larger 175cc version, these machines gave many riders in Italy their first taste of competition. However, in export markets such as Britain their high price restricted sales to a trickle. Today they are worth a small fortune with knowledgeable collectors.

'220' engine showing cambox, hairpin valve springs, exhaust cam-driven tacho drive, Dell 'Orto 29mm carb, and sand-cast engine castings. 28bhp at 9,600rpm; 120mph (190km/h) plus.

Nearside view of the '220' power unit. Details such as the external oiling to the camshafts, Dell 'Orto SS float chamber, the engine breather pipe, and oil drain and filler plugs can be seen.

Ken Kavanagh, who in 1959 had campaigned a pair of Manx Nortons and a very quick 125 Ducati Grand Prix dohc single. Resident in Italy (he still lives there, in Bergamo), Ken had decided to return home for the first time since 1951, and friends 'down under', including his old bike club, begged him to bring back machines and race in the various meetings that took place around Christmas time. Taking advantage of his visit, Ducati asked the Australian to attempt to find an importer for their product in the continent – noting at the same time that it would be bad publicity for him to be seen riding a Norton! His 125 was already just about the quickest privateer bike in Europe, featuring a special six-speed engine and full duplex chassis; but what he needed was a two-fifty. However, at that time the largest Ducati (production racer) was the 175 Formula 3.

So Ing. Taglioni carried out a few calculations, and said that 'maybe' he would be able to extract enough power out of a modified 175 F3 to beat the local Australian opposition, which at that time consisted of some Velocette MOV-based specials and a couple of German NSU Sportmax models, the latter owned by the Hinton brothers and Jack Forrest. Within a couple of weeks the '220' was constructed from a 175, its bore increased to 69mm, giving an exact displacement of 216.130cc, which running on a compression ratio of 9:1 gave a maximum power output of 28bhp at 9,600rpm. Other details of the newcomer's specification included a 29mm Dell 'Orto SSI carb, and on this prototype machine, four speeds (later increased to five).

But its most obvious feature was the twin-camshaft cylinder head based on the lines of the existing 125 Grand Prix model. This was an experimental component that just happened to be sitting in Taglioni's office. It had never previously been fitted to an engine, and the biggest problem came in designing and making suitable camshafts. This original prototype stemmed from a joint effort between Ken Kavanagh and Giorgio Monetti, and was constructed in the factory race shop by Francesco Villa, with assistance from mechanic Recchia. The only test the 220 got prior to shipment was a quick ¼-mile blast up the road outside the Bologna plant.

Australian Action

The machine arrived safely in Australia on 18 December 1959, having left Italy some five weeks before. Running on a mild alcohol mix (with a one-off 11.1 compression piston) the 220's debut came at Phillip Island on 1 January 1960. But it wasn't to be a winning one, as Kavanagh was forced to retire with a mixture of ignition and carburettion woes.

A few weeks later, at Fisherman's Bend, an airport on the outskirts of Melbourne, the machine ran perfectly, and Ken won. Following another victory, he returned to Italy with the 220 and his 125. The latter was sold to Jim Redman, whilst the 220 was eventually taken to England and sold to Twickenham dealer, Geoff Monty, before eventually passing to Midlander Barry Davis in late 1964; Davis still has the machine to the present day.

In addition to the Kavanagh prototype (engine and frame number 552), five other 220s were built, and another two were added to the tally, having been converted from 175 F3s. One such machine was campaigned by Englishman Brian Clark.

The last 220 had Oldani instead of Amadoro brakes; quite why has never been revealed.

Perhaps the best performance with a 220, certainly in Great Britain, came via Welshman Mike Manley who, piloting a gold-painted bike, finished runner-up in the 1962 ACU Star (British Championships). But after this the 220 was outclassed, as a new breed of 250 arrived, such as Greeves, Cotton and Yamaha.

4 The Desmo Arrives

After joining Ducati in the spring of 1954, Ing. Fabio Taglioni spent the first year designing and developing his initial Ducati, the 98cc Gran Sport, known as the Marianna (described in the previous chapter). Following its successful debut, his attention was then directed towards a 125cc dohc version; this emerged in early 1956, and was known as the Grand Prix.

THE TWIN CAMSHAFT MAKES ITS DEBUT

Even though most companies would have considered the Marianna a major triumph, particularly given that Ducati were virtual newcomers to motorcycles and racing, Ducati's managing director Giuseppe Montano, sales boss Cosimo Calcagnile, and most of all Taglioni himself, realized that it was not a *fait accompli*, and that this was only a starting point.

So Ing. Taglioni set about modifying the sohc Gran Sport 125 engine to double overhead camshafts. Whilst the bottom end of the engine was left very much alone, the top end was brand new. Central to the dohc head was its massive appearance, since it had to house two camshafts instead of one. The hairpin valve, as on the GS, were left exposed to the elements, whilst the drive from the crankshaft to the head

Early version of the 125 Grand Prix dohc with single-sided front brake. It was to act as the spur for Taglioni's superb Desmo single. This example, owned by a German enthusiast, was photographed in 1984.

Later 125 Grand Prix with double-sided Amadoro front brakes, restored to concours condition in the recent past.

Swedish rider Ulf Svenssen taking his Ducati Grand Prix to 10th position in the 125cc French GP at the Auvergue circuit, near Clermont-Ferrand, May 1962. The thirteen-lap, 65.07-mile (104.7km) race was wet and cold throughout.

retained the shaft, bevel gears and Oldham coupling, as on the Gran Sport.

Giving a healthy 16bhp at 11,500rpm, the first people outside factory personnel to actually view the new bike were two representatives from the leading Italian magazine *Motociclismo*, when its editor Arturo Coerezza and fledgling journalist Carlo Perelli (later to become editor himself) journeyed to the Ducati works where they were able to photograph and describe the twin cam engine.

They found that the dohc Grand Prix engine was clearly derived from the Gran Sport, including the single tube frame that was open at the bottom and used the motor as a stressed member; likewise the brakes and suspension on his first prototype machine. However, it was soon discovered that the brakes were no longer powerful enough to stop a bike that had almost twice the power of the original 98cc Gran Sport, for which they were intended. And thus a completely new front stopper was soon added to the bike's specification. Still made for Ducati by the Amadoro concern, this was now a double-sided device, with massive air scoops (the first version with the scoops lower than later ones, for use with the then legal dustbin streamlining).

TRACK TESTING

After many long hours of development and track testing at venues such as Monza and Modena, the Grand Prix twin cam model was given its first taste of actual racing. This was not restricted to domestic events, but actually involved travelling all around continental Europe, taking in the Saar GP (in Germany), the Dutch TT at Assen, and the Belgian GP at Spa Francorchamps. Various riders were employed, including the German Willi Scheidhauser. However, unbeknown to observers at the time, the

125 Grand Prix engine with the giant cylinder-head gear cover removed to show bevel gears and cam-wheel gears. Note also the bevel shaft tube and Dell 'Orto SS 25A carburettor.

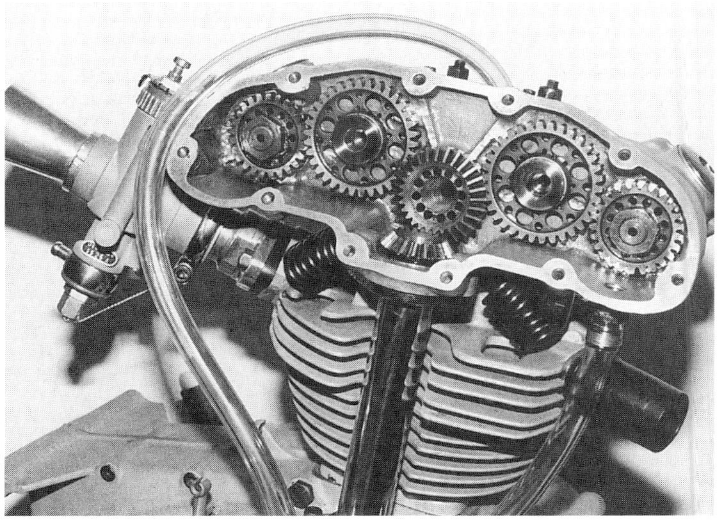

The 1965 Doncaster Special. Basically a Yamaha TDIA engine in a Ducati 125 Grand Prix chassis. Rider Billie Nelson once said of the machine 'It handles like a dream!' A similar conversion was also raced by Derek Chatterton.

There were several versions of the 125 GP frame. This is one from the 1960 production batch, and was similar to the Desmo version used by Hailwood at that time.

Nearside view of 125 GP cylinder head and cambox. The attention to detail is visible in this view; note the widespread use of Allen screws and external oil-way unions.

Always in the First Six

This is part of a letter that was published in the 11 April 1962 issue of *Motor Cycle News*, written by Ducati 125 Grand Prix owner and racer Gary Dickinson of Formby, near Liverpool. It is a good indication of the competitiveness of the model at this time, and of its reliability:

> My plans for the coming season will be much the same as last season, although if possible I would like to compete on the Continent. I will continue to race my old 125cc valve spring GP Ducati without modifications, apart from the necessary winter overhaul. I also hope to compete in the 50cc class – that is, if I am lucky enough to find a sponsor or a machine.
>
> My successes for last season were as follows: in all the races I competed in, apart from the Isle of Man TT where I finished 18th after mechanical trouble, I always finished in the top six. I was the 125cc Cheshire and Scottish champion. I gained three firsts, two at Charterhall and then at Ouston, near Newcastle; three seconds, at Aintree (the shorter circuit), Southern 100 Isle of Man, and Snetterton; one third at Oulton Park in October; three fourths, at Oulton Park (the British Championships), Wallasey Promenade races, and Mallory Park (international); three fifths, at Silverstone (Hutchinson 100), Snetterton (September), and Aintree (international); and one sixth at Cadwell Park (international). I found my machine completely reliable, for I had no retirements at all. It was originally owned by Fron Purslow in 1959.

The diminutive Liverpool-based Gary Dickinson had considerable success with this ex-Fron Purslow 125 Grand Prix dohc single during the early 1960s.

Footnote: In July 1962 Gary Dickinson – a mere six stone, ultra lightweight himself (he had to carry lead ballast on his machine in international events) scored his first major victory when he won the 125cc race at the Isle of Man Southern 100, with a race record speed of 69.57mph (111.94km/h). Later, after hanging up his leathers, he formed the Dickinson-Steele motorcycle dealership in Liverpool, together with another former racer, Frank Steele.

124cc (55.25 × 52mm) dohc Grand Prix was only a testbed for something even more potent: in the future it would actually be offered for sale to private customers, whilst the factory's official works entries would campaign the new, secret design.

TAGLIONI'S ACE CARD

Even at an early stage in the transformation of his bevel-driven single from single overhead cam to twin cam design, Ing. Fabio Taglioni realized that this would probably not be enough to put Ducati on a par with the top 125 GP bikes, such as the MV Agusta single and the Gilera twin. So he produced his secret weapon: desmodromics. Without a doubt, this was his and Ducati's ace card, and was to prove the mainspring to Ducati efforts both on the race circuit and in the showrooms in future years. But first he had to do something no one had managed to achieve in the motorcycle world since the first experiments had taken place with desmodromics many years before: make it work in practice.

The Desmo Principle

In proving that the theory could work, the true genius of Taglioni was to be revealed. In plain language, the desmodromic layout meant positive valve operation. He had first realized its possibilities whilst studying at Bologna University in 1948, but was unable to fund his ideas until six years later when he joined Ducati and had the backing of factory resources at his disposal.

The attractions of desmodromic valve gear at that time were two-fold, and stemmed from the ever-increasing speed at which the internal combustion had to be made to breathe efficiently if the maximum power were to be boosted. Large valves, exaggerated opening periods, and fierce rates of acceleration and deceleration were necessary. These factors caused the interim forces in the valve gear to rocket to the point where it was extremely difficult to get the valve springs to keep the cam followers in contact with the closing radius of the cams for a safe margin beyond the peak engine rpm. Thus a brief bout of over-revving due to a missed gear change, or a moment's inattention to the tachometer, could result in 'valve bounce': the small valve–piston clearances are instantly taken up, and the piston touches one or both valves, causing great damage.

By dispensing with valve springs and using camshafts to close as well as open the valves, their motion could be controlled accurately so that over-revving no longer caused serious damage; furthermore, even wilder cam profiles could be employed to maintain volumetric efficiency at higher rpm, and thus extract more power.

Of course, as events have later proved, there are other ways of solving the over-revving problem. Honda used four valves per cylinder instead of two, whilst more recently the rev-limiter cuts the engine when maximum rpm is reached. However, back in the 1950s when Taglioni introduced his first desmodromic engines, both Honda and the rev-limiter were in the unknown future. Nevertheless, the Taglioni-inspired Desmo system has survived to the present day and is now used in all Ducati's production and racing models, including the world championship-winning superbikes.

In July 1956 Ducati stunned the racing world not only by winning its first race with the new Desmo single, but because its rider Gianni Degli Antoni lapped the entire field at least once.

Engine Description

Besides his innovative ideas, Taglioni was also a practical man and realized that time and money could be saved by using much of the GS/GP engine's technology and components.

Even the cylinder head of the valve spring GP was used as a base – although of course there were important differences in both size and detail. And again Taglioni cut down dramatically the usual development time for new designs by utilizing the remainder of the dohc engine, from the cylinder barrel downwards, including retaining the existing 55.25 × 52mm bore and stroke dimensions. This also left him free to concentrate all his energies into perfecting the Desmo system and its operation.

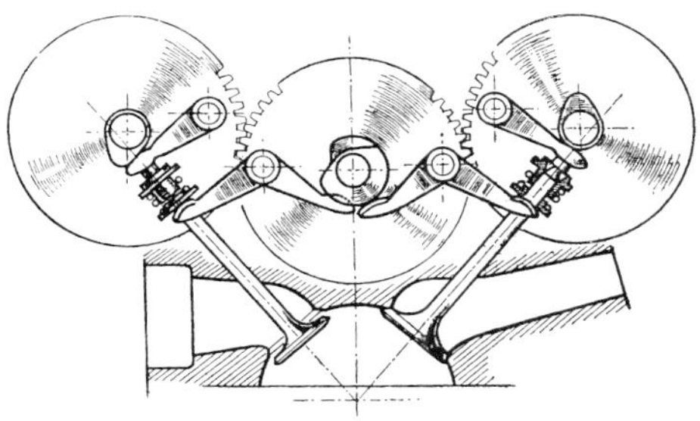

Drawing showing the layout of triple camshafts and rockers/valve on the 1956 Desmo single-cylinder engine.

Like the 125 Grand Prix dohc, the front and rear shafts carrying the valve-opening cams worked very much in the same way as those in the twin overhead camshaft model. The difference was that the Desmo engine was actually a *triple* camshaft type, with a centrally located camshaft that was operated directly from the top bevel gear, as in the conventional single cam motor.

The outer two camshafts actuated the valves through the medium of levers that pivoted inboard of the shafts, and not through sliding tappets; the hardened valve caps used on the twin cam Grand Prix were used on the valve stems. The cam lobes were extensively hollowed for lightness, a principle used throughout the engine – such as gears and the like – wherever possible.

Underneath these lever pivots was a pair of rocker pivots. The inner arms of the

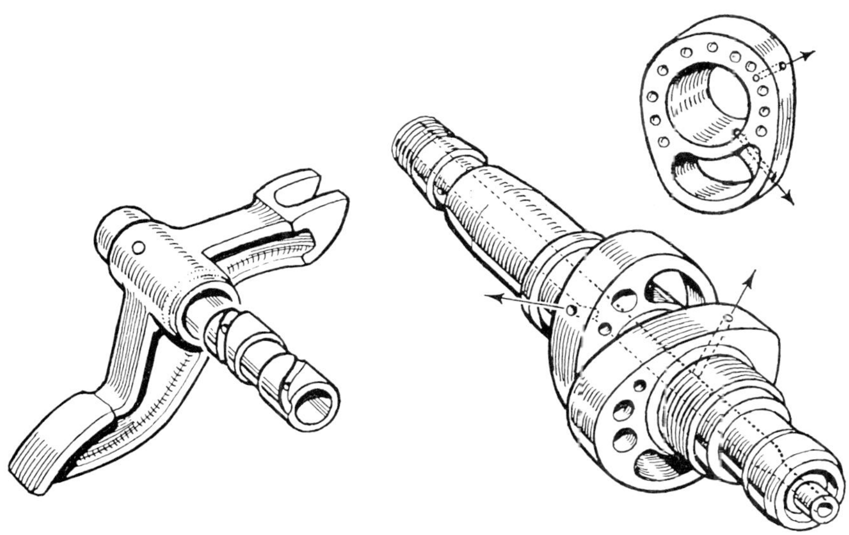

Vernier adjustment for the camshafts. Also shown are the rocker arm and bush (left) of the 125 Desmo engine.

rockers bore on the underside of the closing cams (that were mounted on the central shaft), while the outer ends were forked to embrace the valve stems and operated them through flanged collars located by split-wire half rings retained in matching grooves on the valve stem. The closing cams had lobes with longer dwell periods than those of the opening ones. All the cams were a taper fit on their shafts, and the rocker pivots were mounted in fully floating phosphor-bronze bushes. The valve-adjusting caps and top collars were manufactured in a variety of thicknesses for adjustment purposes.

Camshaft Details

To compensate for greater reciprocating weight and the need for ultimate performance, Taglioni provided the Desmo with much fiercer camshaft lifts, although the actual valve opening and closing points were identical to those on the dohc Grand Prix. These higher lifts for the Desmo engine were inlet 8.1mm (formerly 7.5mm) and exhaust 7.4mm (formerly 7mm).

Ing. Taglioni also discovered that it was necessary to close the valves mechanically to only 0.3mm (0.012in) from their seats, and relied on valve inertia and gas pressure to achieve the rest. In his early experiments he used lightweight springs to ensure that the valves returned to their seats, but these were soon discarded as they were found to be unnecessary. Each valve was inclined at 40 degrees, and the seating material was aluminium-bronze. Valve size remained as with the Grand Prix – 31mm inlet, 27mm exhaust – with a choice of carburettor sizes, between 22mm and 29mm, depending upon the venue.

Fuel consumption, compared to the majority of the Desmo's rivals, was truly exceptional, with up to 50mpg (5.6l/100km) under racing conditions.

125 Desmo Single (1956)

Engine:	Air-cooled, four-stroke, triple camshaft, Desmo single
Bore:	55.25mm
Stroke:	52mm
Displacement:	124cc
Compression ratio:	9.5:1
Maximum power (at crank):	16bhp at 11,500rpm
Lubrication:	Wet sump, with gear-driven pump
Ignition:	Battery/coil
Fuel system:	27 or 29mm (depending upon circuit Dell 'Orto SS1)
Primary drive:	Straight-cut gears
Gearbox:	Five- or six-speed
Frame:	Single tube, open cradle in tubular steel, engine as a stressed member. (Later bikes came with a variety of different style frames)
Front suspension:	Telescopic front fork
Rear suspension:	Swinging arm, twin shock
Front brake:	Amadoro SLS double-sided drum
Rear brake:	Amadoro SLS drum
Wheels:	18in front and rear
Tyres:	Front 2.50 × 18, rear 2.75 × 18
Dry weight:	197lb (89kg)
Maximum speed:	112mph (180km/h)

Piston Problems

Weakness in the Desmo single engine centred around pistons. Essentially these were similar to the ones used on the Grand Prix, but varied in compression ratio and suppliers. All were forged three-ring types, the most commonly used compression ratio being 10:1. The main problem proved to be the formation of hairline cracks around the skirt, even though full skirt, rather than slipper types, were used. Also, the top piston ring was prone to breakage. Another problem was that, with extra power and the higher engine revolutions, big end life was drastically shortened, so much so that to ensure total reliability, a new assembly had to be fitted following each Grand Prix race, or after two or three shorter distance events.

The big end featured a steel cage with nineteen steel rollers, each of 3.5mm diameter, and a 30mm crankpin and bearing diameter – 25mm on the portion that pressed into the crankshaft flywheels. The connecting rod, which also formed the outer race for the big end, was machined from a solid billet, and was, as in the Gran Sport and Grand Prix, heavily webbed at both top and bottom for additional strength. The small end, a simple phosphor-bronze bushing, ran in a 16mm diameter, taped-bored gudgeon pin that located into the piston wire clips.

Main Bearing Design

Unlike the valve-spring racing models, or for that matter the production single-cylinder street bikes, the main bearings were of the axial-thrust type, and spring-loaded outwards by a large star washer on the drive side of the flywheels. This arrangement was designed to eliminate the vibration experienced at maximum rpm with roller bearings, owing to the inevitable, however slight, radical running clearance. Otherwise the bottom end was an almost exact replica of the GP, including straight-cut primary drive gears and wet multi-plate clutch. But Ing. Taglioni had provided for the choice of either five- or six-speeds, in that in both cases, four pairs of pinions were located within the main crankcase walls, whilst the other pair (or two pairs) were to be found in the primary drive compartment, inboard of the clutch.

With such a high-revving single, the SAE 20-grade castor oil was preheated before filling the sump and firing up the engine from a cold start. This method had been used earlier in the 1950s, in particular by the German NSU squad, who went to great lengths – even employing hot air blowers – to ensure their engines on the Rennfox and Rennmax models were sufficiently warm before they were run from cold. Ing. Taglioni had taken note of how efficient the NSU was – as indeed had many others, including Soichiro Honda.

An Added Bonus

It is worth noting that a bonus of the Desmo system was its lack of compression as compared to the conventional valve-spring layout. In fact the engine could be started whilst the bike was mounted on its paddock stand by merely spinning the rear wheel and dropping the clutch!

Ignition was taken care of by a six-volt battery and a pair of three-volt coils. These fed a conventional 14mm spark plug on the nearside of the cylinder head, and a smaller 10mm plug on the offside (situated at the front of the camshaft vertical drive-shaft housing). Taglioni confirmed recently that, unlike the modern engine of today, dual ignition was needed in the 1950s and 1960s 'because combustion shape was not of the level it is now'.

Bench Testing

The very first Desmo prototype was simply a suitably modified dohc Grand Prix, with positive valve operation. Soon, however, purpose-built engines followed – but still with its real secrets confined to the top end. Much of this early testing was carried out on the bench. Then, when the basic principle had been proved to work, further extensive development followed over several months in the first half of 1956, on both bench and track. Power output was found to be some 17bhp at 12,500rpm, and – most significantly of all – the Desmo valve gear passed all these tests with flying colours. Hundred-hour bench tests on full throttle caused no drop in the engine's performance, and no ill effects resulted from over-revving, even though track testers were at times letting the revs soar to over 15,000rpm – a truly fantastic figure at the time.

Race Debut

By early summer in 1956, Ing. Taglioni was at last satisfied that his new engine was ready for battle. But the chosen venue was in many ways a real surprise: the Swedish Grand Prix, to be held over Saturday and Sunday 14/15 July, at the Hedemora circuit. With Geoff Duke and his all-conquering 500cc Gilera 4 as the star attraction, some 40,000 race-starved enthusiasts converged upon the popular 4.5-mile (7.2km) course, coming from all over northern Europe and beyond. And they were not to be disappointed, with brilliantly sunny weather for both days running. But the real sensation was the race debut of the Desmo single, with Gianni Degli Antoni and Swedish champion Olle Nygren riding the distinctively red and white streamlined machines.

The two Ducati riders led from the start,

Gianni Degli Antoni with the fully streamlined, triple cam 125 Desmo single after his victorious ride in Sweden. Sadly, only a few days later he was to suffer a fatal accident whilst testing at Monza.

but on lap 11 of the 15-lap, 67.73-mile (109km) event, Nygren retired with a sick engine, leaving Degli Antoni some 2.5 minutes in front of the next rider, with all but the first four men a lap adrift. But even this was not good enough for the flying Italian, as he put the finishing touches to one of the most sensational race debuts of all time by calmly lapping the entire field by the end of lap 14. At the fall of the finishing flag, the Ducati man had set a new race record in a time of 48min 8.1sec, with a speed of 84.45mph (137km/h), and had also achieved a new lap record of 87.56mph (140.88km/h).

The opposition – consisting of FB Mondials, MV Agustas, Rumis and the like – had been shattered by this new bike, which was indeed mighty impressive, with not only speed but a magical sound, too, with its deep, mellow bark. And its appearance was also notable, thanks to its angry wasp-like lines, both the rider's helmet and the aluminium streamlining being adorned with stripes.

DEGLI ANTONI

Gianni Degli Antoni was Ducati's first superstar, but his career was to be tragically short. He had first come to the public's attention the previous spring during the 1955 running of the Moto Giro and Milano-Taranto, with success in both riding the new Marianna (*see* Chapter 3). However, his first circuit debut had only come in May 1956, when he finished 6th in the 125cc event in the new twin camshaft Grand Prix model. He again dominated the Moto Giro in 1956, but the Milano-Taranto was never run due to the Mille Miglia car disaster, when a competitor's car killed several spectators; as a result of this, road events for both four and two wheels were banned by the Italian government.

After the Swedish GP success, the Ducati squad travelled back to Italy. The Desmo's next outing was scheduled to be at Monza in early September, at the Italian Grand Prix. To prepare for this, Degli Antoni began track testing at Monza during early August. And it was during one of these test sessions that, rounding the fearsome Lesmo curve, the 26-year-old Ducati star lost control and crashed heavily, receiving fatal injuries, on 7 August 1956. This tragedy was a major blow to Taglioni's and Ducati's plans, so much so that any serious attempt at the 125cc World Championship was not to be mounted until 1958.

The 1957 version of the Desmo single; note the revised rear streamlining. But after losing Degli Antoni, the team needed another year to get back into contention.

THE 1958 SEASON

By the beginning of the 1958 season the 1956 Swedish GP victory was becoming a distant memory. But this did not mean that Taglioni had been idle. Far from it, in fact, because not only had he successfully created a new 175 ohc street bike, he had also carried out further work on the Desmo single GP bike, *and* laid out a 125 Desmo twin racer as well.

The improvements to the Desmo single had not been reserved for the engine alone, they had also included a new double-cradle, tubular frame — in fact there were two types, one for fast circuits, and one for twisting, slow courses. There was now also a choice of five- or six-speed gear clusters (again depending upon circuit), whilst the full dustbin-type streamlining had been replaced by a new dolphin fairing to comply with FIM regulations introduced for the 1958 season. Because of this the brakes had needed modification, with repositioned air scoops on both front and rear wheels.

In April 1958, Ducati announced that they would be fielding a full GP squad. Riders for the first round of the world championship series, the Isle of Man TT, would be the former Gilera rider Romolo Ferri, the Swiss Luigi Taveri, and Ulster's Sammy Miller. Others taking part in selected events would be Alberto Gandossi, Franco Farné, Francesco Villa and Bruno Spaggiari. And here Ducati slipped up, because it was Gandossi who would be their top scorer that year, and he wasn't a contender for the championship! In the Isle of Man, Ferri was runner-up (behind MV's Carlo Ubbiali), with the Englishman Dave Chadwick (a late entry by Ducati) 3rd, and Miller 4th.

Next came the Dutch TT at Assen. Again Ubbiali won, with Taveri 2nd. A week later came the ultra-fast Belgian GP, when Gandossi set the fastest lap at almost 100mph (160km/h) – and won, with team-mate Ferri 2nd, Chadwick was 4th, and Taveri 6th.

A few weeks later came the German GP at the 14.17mile (22.8km) Nürburgring circuit. Gandossi took an early lead and pulled away from the rest of the field. But it was not to be Ducati's day, as first Ferri crashed, breaking a leg, Taveri's went offsong, and finally, in sight of victory, Gandossi's motor blew up. With all the Ducatis out, MV scored an easy 1-2.

Then it was back to Hedemora in Sweden, where Gandossi won, with Taveri runner-up. And as Geoff Duke commented in *Motor Cycling:* 'Only the appearance of the fantastic Desmodromic Ducati in the 125cc class has cramped the style of the all-conquering MV equipe.'

Gandossi could also have won at the next round in Ulster, but whilst leading he fell, and even though he remounted, could only limp home to finish fourth. Effectively Carlo Ubbiali and MV were champions again.

A Famous Monza Victory

With national pride at stake, if not the world championship title, Ducati and MV Agusta prepared to do battle at the final round, the Italian Grand Prix at Monza. The result was one of those historic moments in Ducati's history, when

Ducati started the 1958 Grand Prix season at the Isle of Man TT. Romolo Ferri, the ex-Gilera star, had been signed over the winter. He made an instant impact by finishing 2nd in the Ultra Lightweight (125cc) TT.

Details of Ferri's machine. Besides a duplex cradle frame, it also featured a lowered steering head and shortened front forks.

they achieved what everyone thought impossible: the first five (yes, five!) places. The win was taken by Bruno Spaggiari (his first GP success), Gandossi 2nd, Francesco Villa 3rd, Dave Chadwick 4th and Luigi Taveri 5th. Except for third-placed Villa, who was giving the Desmo twin its first airing, all were mounted on Desmo singles, which at last seemed 100 per cent reliable. Spaggiari also set the fastest lap, at 98.04mph (157.74km/h).

During the 1958 Italian GP at Monza, Ducati took the first five finishes. The riders seen here are: Bruno Spaggiari (12), Alberto Gandossi (8), Tarquinio Provini (MV, 4), Carlo Ubbiali (MV, 2) and Dave Chadwick (20).

The New Desmo Twin

Villa's third-placed Desmo was one of only three such machines ever built, the 124cc engine employing bore and stroke dimensions of 42.5 × 45mm. Running on a compression ratio of 10.2:1, it produced 20bhp and could top 115mph (185km/h). The triple cams were driven by a central train of gears, which ran up between the cylinders in their own compartment. The lubrication system followed that of the successful single, with a gear-type pump and separate external oil lines that fed the top end of the motor. Each camshaft had its own oil line and roller bearing, with return being made through the central gear-drive compartment back to the deeply finned, wet sump at the base of the unit construction, vertically split crankcases.

Unlike the Desmo single, the twin relied on only a single (10mm) spark plug per cylinder – for the simple reason that there

The final development of Taglioni's 125 Desmo was the Barcone *(barge in Italian). This term was used because of the size and length of the engine's crankcase structure. This machine was later owned by Aston Martin specialist Ivan Forshaw.*

The 125 Desmo twin made its debut with 3rd place in the 1958 125 Italian GP at Monza. The 125cc (42.5 × 45mm) engine featured a six-speed gearbox.

was no room in the combustion chamber for anything larger. The two crankshaft flywheels were clamped to the central take-off gear by Hirth coupling, the same as to the German NSU Rennmax dohc twin of the mid-1950s.

Other details included specially made Mahle three-piston forged pistons, equally specially commissioned 23mm Dell 'Orto carburettors with integrally cast oblong float chambers, and a close-ratio six-speed gearbox. All six ratios were housed within the central crankcase compartment, unlike the six-speeds on the single.

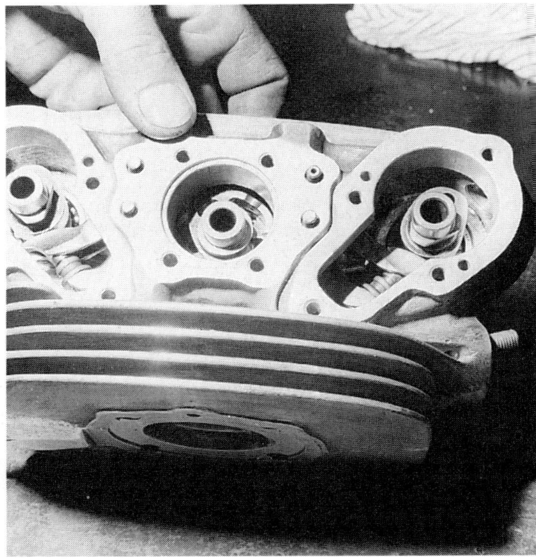

Triple camshaft cylinder-head layout of the 125 Desmo twin; beautifully engineered.

By 1959 the power had been upped to 22.5bhp at 14,000rpm, with maximum speed going up to 118mph (190km/h).

But the twin was to suffer two problems, compared to the single: the first was an ultra-narrow power – there being virtually no torque below 10,500rpm – and only limited development before Ducati quit racing at the end of 1959.

In the author's opinion, it was this lack of development time that limited its career. If it had had the same upbringing as the Desmo single, the 125 twin could have been a world-beater. It would have been competitive against the twin-cylinder Honda at the beginning of the 1960s – but as it was, the machines were sold off without ever reaching their full potential.

Larger Twins

Besides the 125 twin, there were also the 175cc (non-Desmo), designed for long-distance road events in 1956, and later 250 and 350cc Desmo versions built in 1960.

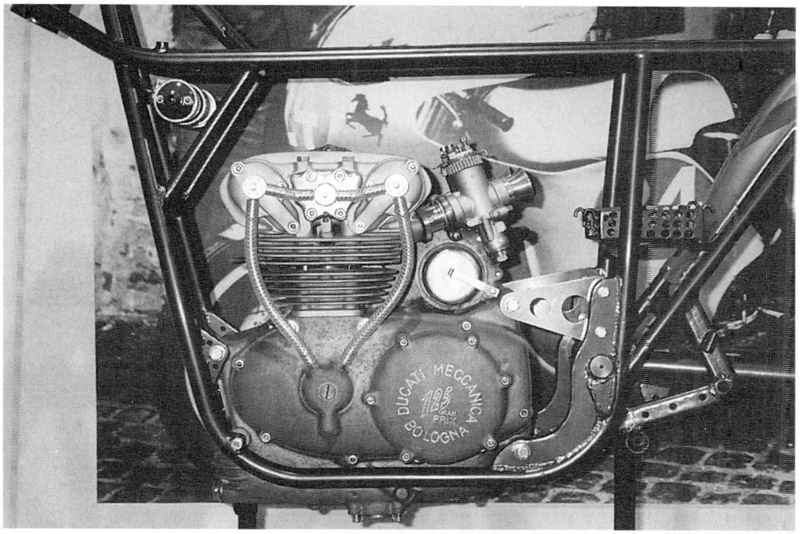

It is probably true that the 125 Desmo twin was Taglioni's real priority. But unfortunately only three were to be built, and a financial crisis meant that its development was cancelled.

The Australian Ken Kavanagh rode this Desmo single in the 1960 TT. However, his hopes of success were dashed when the spokes in his rear wheel broke, causing his retirement on the second lap.

125 Desmo Twin (1959)	
Engine:	Air-cooled, four-stroke, triple camshaft, Desmo parallel twin
Bore:	42.5mm
Stroke:	45mm
Displacement	124cc
Compression ratio:	10.2:1
Maximum power:	20bhp at 13,800rpm
Lubrication:	Wet sump, with gear-driven pump
Ignition:	Battery/coil
Fuel system:	Two Dell 'Orto SSI 23mm
Primary drive:	Straight-cut gears
Final drive:	Chain
Gearbox:	Six-speed
Frame:	Duplex, full cradle, steel construction
Front suspension:	Telescopic front fork
Rear suspension:	Swinging arm, twin shock
Front brake:	Amadoro SLS double-sided drum
Rear brake:	Amadoro SLS drum
Wheels:	18in
Tyres:	Front 2.50 × 18, rear 2.75 × 18
Dry weight:	218lb (99kg)
Maximum speed:	118mph (190km/h)

The first of the Ducati parallel twins was this 175cc valve spring (non-Desmo). First constructed for road events such as the Milano-Taranto in 1956, it was later sold to Stan Hailwood.

The first of the Taglioni-designed models, a 250 was delivered to the Hailwood équipe during the spring of 1960. The bore and stroke measurements of the engine were 55.25 x 52mm, identical to the 125 Desmo single, giving a displacement of 249.7cc. With a power output of 37bhp at the rear wheel and 43.3bhp at the crankshaft, it was, at the time, the most powerful machine in its class, together with the dohc MV Agusta twin. The engine was almost an upsized 125 twin, with a six-speed gearbox, unit construction, and a porting arrangement where the carburattion induction tracts were divergent and the exhaust ports convergent.

Float chambers of the twin 30mm Dell 'Orto carburettors were of the flat variety (as also used on the 125 twin and four cylinder MVs) due to the limitation of space.

Oldani twin leading-shoe brakes were specified for both wheels, the front with a diameter of 220mm, the rear 200mm. Front suspension was by way of shortened Manx Norton Roadholders (also used on MZs at the time), whilst the frame was a full duplex affair.

Commissioned by Stan Hailwood for his son Mike, a new 249,7cc Desmo twin appeared in early 1960. There was also a larger 348cc version. Neither reached their true potential because they were denied proper factory development.

Attention to Detail

Typical of the attention given to detail was the simple but effective arrangement used for the adjustment of the final drive chain. The wheel spindle was mounted eccentrically within two circles of metal, which in turn rotated, with two clamps located at extreme ends of the swinging arm. The ignition system comprised a pair of six-volt, 7-amp hour batteries, used in series with a pair of coil contact breakers and condensers. Generously proportioned twin megaphones extended almost to the back of the rear tyre and were swept upwards in a peculiar bend, not so much for engine efficiency as to provide more ground clearance.

Lack of Development

Like the 125, the 250 was to suffer from a lack of development. It was straightaway despatched to England for a season's racing by the Hailwood team, even though it really needed an additional period of in-house, factory development – something which, because of Ducati's financial crisis at this very time, it could not have. This was also, probably, the reason for another failing — that of excess weight, which again was something that could have been addressed with factory resources and a development budget. Instead the model was built and promptly sold (together with sister machines) to Stan Hailwood.

Finally there was the matter of the

handling – or more truthfully, the lack of it. Mike Hailwood was to say it was the 'fastest five-bar gate in the world'.

A Victorious Debut

These failings were none too apparent to the assembled pressmen who descended upon the Northamptonshire Silverstone race circuit for the international BMCRC (British Motor Cycle Racing Club) meeting on Saturday 9 April 1960 to see the debut of Mike Hailwood's new mount. Following his Mellano Trophy victory (on the 125 Desmo single) the previous year, Mike was able to retain this coveted award with the brand new 250 twin, and in the process set a new class lap record of 91.43mph (147km/h). The deep note of the Desmo engine could be heard all the way around the circuit. To conclude a most successful day, Mike also won the 125 event (on his Desmo single), and took second place in both the 350 and 500cc races behind the Flying Scot, Bob McIntyre.

More Problems

A 350 version was also built, for Hailwood and for the Australian Ken Kavanagh (who also raced a 125 Desmo single and a 220 dohc valve spring single – *see* Chapter 3) But the 350 was even less of a success than the 250, quite simply because its extra power and speed made the handling even more suspect – in fact, Mike Hailwood elected to ride his slower but more stable AJS 7R single in place of the new Ducati. Kavanagh was so displeased that he simply quit racing after the Italian GP that September.

As related overleaf, the remains of the 250/350 Desmo twin were sold to John Surtees, while the 125 Desmo twins went from the Hailwood team to Southampton

Mike Hailwood not only won the 125cc British championship title in 1960 and 1961 riding a works 125 Desmo single, but also his first Grand Prix, the Ulster, in 1959. Mike is seen here winning at Oulton Park in the summer of 1960.

The JSD Project

JSD stood for John Surtees Ducati. Surtees was the only man ever to have won world championship titles on both two and four wheels: so what had he to do with Ducati?

Besides being a rider and driver of the very highest order, John Surtees is also a gifted engineer, having served his apprenticeship at Vincent's in Stevenage. During late 1959 and early 1960, John had designed a very special, lightweight AJS7R racer, but his existing MV Agusta commitments meant that he was never to race the machine in anger. But following his retirement from motorcycle Grand Prix and the end of his MV Agusta in late 1960, he looked around for another two-wheel project.

This came in the shape of the discarded Taglioni-designed 250 and 350 doh Desmo parallel twin prototypes which had been raced in 1960 by Mike Hailwood, and the 350 by the Australian Ken Kavanagh. The technical development and the earlier racing career of these bikes is described elsewhere in this book; suffice it to say that it was their handling, rather than performance which was the weakness. So once he had obtained the now unwanted machines, his first task was to set about commissioning a new chassis design.

As Surtees saw it, the Desmo twins (like other Ducatis) carried their oil in a sump below the crankcase, which in his view created an over-tall engine assembly. To attack this problem John enlisted the help of frame-building expert Ken Sprayston, of the Birmingham-based Reynolds' Tubes. Surtees suggested 'a detachable lower-run frame tube on one side – as on the MV Agusta.' Sprayston replied that he didn't think that necessary, and instead came up with a design that, in Reynolds' 531 tubing, was very similar to the Norton Featherbed racing frame, but with an important difference: there was no bottom offside (right) frame tube. Instead, the offside loop was bent across in front of the crankcase and welded to the nearside (left) tube.

A similar procedure was followed at the rear, with the offside tube bent across to meet the nearside tube behind the gearbox. Main-frame material was 1¼in diameter × 18-gauge tube, plus a rear subframe in ¾in diameter × 17-gauge material.

Steering was again new, because of a Reynolds leading link fork of the type pioneered by Geoff Duke

One of the Surtees Desmo twins.

The JSD Project *continued*

during the late 1950s on his private Nortons. Brakes were Italian Oldani drums laced to 19in-diameter, aluminium rims. Adoption of the Reynolds frame resulted in a saving of 102mm (4in) in height.

Surtees purchased a total of three frames, although he had, in fact, collected a total of four machines (two 250s and two 350s).

John Surtees entered none other than Phil Read on the 350 JSD in the 1962 Junior TT, but it proved a non-starter. Instead it was left largely to John's younger brother Norman to race the Reynolds-framed machines – and it is a fact that he almost always selected to ride the 250 rather than the 350. I can well remember seeing Norman at several venues that summer, including my local Cadwell Park circuit (the September 1962 International).

For 1963, Surtees hoped his former MV team-mate and friend John Hartle would race the machines. Tests took place, but the plan fell through when Hartle signed for the Scuderia Duke squad, with factory four-cylinder Gileras.

By now, Surtees' four-wheel career had begun to blossom, and although other riders were linked with the JSDs, eventually he simply ran out of time, and the whole project – not helped by mechanical problems, notably with the larger engines – was shelved.

And so ended the John Surtees Ducati involvement. In many ways it is an intriguing story, but ultimately led to very little in the way of results. For many years afterwards the machines remained tucked away at the Surtees' home in Edenbridge, Kent, until they were sold to British and German collectors during the 1970s and 1980s respectively. It was a rather sad end to what in earlier days had seemed such an exciting project.

dealer/entrant Syd Lawton for his son Barry to race.

THE 125CC FOUR

Ducati's last Grand Prix design intended for the 125cc class was a four – but not a Desmo. And Ducati's financial crisis of 1960 meant that it did not get built until the middle of that decade. An across-the-frame four, this bike should not be confused with another similar 250 machine built around the same time at the Spanish Mototrans works.

The 125 four was to become one of those 'if only' stories. Certainly, had the bike been up and running even two or three years earlier its ultimate fate – in which its only starring role was to be as a travelling exhibition showpiece – might have been entirely different. As it was, by the time it was ready in 1966 it had simply been overtaken by development within the Japanese camp. For a start, in 1964 Honda fielded the four-cylinder RC146, followed in 1966 by a *five*-cylinder model; both these motorcycles were equipped with eight-speed gearboxes, with 25 and 30bhp respectively. Against this, Taglioni's four-cylinder Ducati also sported eight speeds, but could only muster 23bhp (at 14,000rpm). Even so, in several ways it was a noteworthy effort, with its four valve-per-cylinder layout making it a first for the Bologna company. However, Ing. Taglioni did not elect to use Desmo valve gear, which he considered 'unsuitable for an engine with cylinders of only 31cc'.

Testing at Modena

After being extensively bench-tested, the 125 four was transferred to Modena for circuit tryouts by factory tester and former racer Franco Farné. Farné was ideal for this task as he worked alongside Taglioni in the company experimental department.

The 125 four of the mid-1960s was a noteworthy effort, with four valves per cylinder and an eight-speed gearbox. However, it was destined never to race, instead travelling around European shows as an exhibition piece.

But even though the tests were successful, the 125 four was never raced; instead, it was sent all over Europe, to various shows including London, Milan and Paris. For example, it was displayed at Earls Court in both 1966 and 1967.

Behind the Iron Curtain

For reasons that remain a mystery to this very day, the 125 four found its way behind the Iron Curtain and into the Riga Technical Museum in Latvia, then part of the Soviet Union. During 1989 it was rescued by an Italian collector, who also discovered the chassis, which had by then become parted from the engine, in Yugoslavia. The complete machine now resides in Italy, as a reminder of how Ducati's design chief Ing. Fabio Taglioni viewed 125cc technology during the early/mid-1960s. It is also a unique machine in the firm's racing history, if one discounts the Spanish satellite branch, because it

The 125 Four (1965)

Engine:	Air-cooled, four-stroke, dohc, four valves per cylinder
Stroke:	34mm
Displacement:	124cc
Compression ratio:	12:1
Maximum power (at crank):	23bhp at 14,000rpm
Lubrication:	Wet sump, with gear pump
Ignition:	Battery/four coils
Fuel system:	Four × Dell 'Orto SS carburetors
Primary drive:	Gears
Final drive:	Chain
Gearbox:	Eight speed
Frame:	Duplex, cradle, tubular steel
Front suspension:	Ceriani telescopic front fork
Rear suspension:	Swinging arm, twin shock
Front brake:	Oldani SLS full-width drum
Rear brake:	Oldani SLS full-width drum
Wheels:	18in front and rear
Tyres:	Front 2.50 × 18; rear 3.00 × 18
General Specifications	
Length:	N/A
Width:	N/A
Height:	N/A
Seat height:	N/A
Ground clearance:	N/A
Fuel tank capacity:	N/A
Dry weight:	85kg (187lb)
Maximum speed:	209km/h (130mph)

was an across-the-frame four, with four valves per cylinder and with Taglioni's trademark Desmo valve gear.

No More Lightweights

Even though Ducati was to race works versions of its new Desmo roadster singles in the late 1960s/early 1970s, and of course go into larger classes with its V-twin family – and even planned a 500cc four and build a 350 triple – the 125 four of the mid-1960s was really the company's swansong in building a lightweight Grand Prix challenger at world level.

5 Production Singles

Unlike the majority of other makes, most racing Ducatis – bikes that have competed in events all over the world – have not been purpose-built racing models, but race-kitted street bikes. In 1957 the Bologna factory produced its first overhead cam single, the 175, and right from the outset, large numbers of the singles were stripped of their road-going equipment, and were tuned and raced by their enthusiastic owners.

L. E. Evans' 175 Ducati Sport, seventeenth finisher in the Lightweight (250cc) TT, Isle of Man, 1958. Average race speed: 59.43mph.

A RACER IN ALL BUT NAME

This came about for a very good reason, namely that the majority of Ducatis have always been racers in all but name – thus even so-called touring models often shared the same chassis, suspension and brakes as their more sporting brothers. And with an engine that was often more at home on the track than the street, these hardy bevel singles proved extremely popular with cost-conscious competitors, in engine sizes ranging from 125 through to 450cc.

By the late 1950s, Ducati had become associated with racing more than any other

Racing action in Indonesia, circa *1958. Ducati 175 Sport competitor M. A. Gumilar (54). Other bikes in view include a Puch, an NSU, and another Ducati 175.*

sector of the market, thanks to the success achieved by Ducati-mounted riders in events ranging from the Grand Prix world championship, to long distance events such as the Milano-Taranto and Barcelona 24 *Horas* (Hours) marathons. And in those countries where Ducati machines were sold, privateers soon realized the bikes' potential for track use. In much the same way as earlier generations had kitted out bikes such as the Norton International or BSA Gold Star, so the race entry lists were soon dominated by the Ducati name.

Whether the owner/racer resided in Europe, North or South America or Australia, the Bologna-made overhead cam singles were successful, even against machines that often cost many times more.

THE SINGAPORE CONNECTION

During the 1960s Singapore (and Malaysia) was an important market for Ducati. Their bikes were imported in very large numbers (comparable with the Japanese marques) by a company called Victoria Motors. Besides the standard street bikes, the firm also had a number of the more specialized Formula 3 models.

Racing was popular in this far-flung section of what remained of the old British Empire. Events ranged from quarter-mile sprints, hill climbs, short-circuit racing and open road racing. At a number of venues there was the added advantage that race bikes could be ridden to and from circuits – and not only this, but it was possible for riders to test their machines at full race speeds at a couple of specific locations without anyone in authority taking any notice! The riders taking part in these events were both locals and British military personnel, the latter being Royal Air Force and army servicemen.

Some of these events acquired Grand Prix status, in name at least, and although they did not count towards the world championship series at that time, nonetheless they attracted works support from the Japanese factories (including Honda, Kawasaki and Yamaha). The most important events were the Singapore and Malaysian GPs, the Johare GP and Kuala Lumpur GP.

Top Ducati riders of the period included Fred Dingle, Nobby Whales and Doug Curran, Kuie Keng Seng, Yeng Guan and NG Yeng Heng (the last two were brothers). Probably the best known, at least in Europe, were Chris Conn (Manx Norton) and Chris Proffit-White (various Hondas).

BREAKING INTO NEW MARKETS

With their exciting range of new models, such as the 175 Sport and 200 Elite, Ducati were to break into new markets, including the United States and Great Britain. In the latter, the Ducati cause was helped when in February 1959 Mike Hailwood's father Stan, under the umbrella of his dealership Kings of Manchester, became the official UK importer. The success enjoyed by Mike and others on the pukka Ducati racers, such as the Formula 3, the Grand Prix and the Desmo singles, meant the name was promoted in a way that was not possible across the Atlantic.

BERLINER

From the end of the 1950s until the early 1980s, Ducati's North American imports were looked after by the Berliner Corporation of New Jersey. The company took its name from the two Berliner brothers, Mike and Joe, the latter having the role of President. And it was the Berliners who were responsible for the arrival of the 250 Ducati, as the original prototype was a racer, which came from a request made by the American brothers. This bike (248cc 74 × 57.8mm) arrived in 1960, a few months after the Berliner appointment as Ducati's Stateside agents at the end of 1958.

AMA Rules

During the 1950s, the AMA (American Motorcycle Association) rules banned European-style Grand Prix bikes; this

Syd's Cycles

'Syd's Cycles' is one of the best known (and best loved) Ducati dealerships in the world, managed by ex-patriate Briton Syd Tunstall and his son Malcolme – and not forgetting Syd's wife Ivy.

As a schoolboy, Syd repaired bicycles belonging to friends in his home town of Church Broughton in Derbyshire, before turning his attention to pre-war motorcycles. Even when he was called up for his national service in the army during 1946, his passion for motorcycles was not allowed to rest, as he was given the task of instructing fellow recruits the finer points of safe riding.

After the war, Syd returned home and bought and sold a variety of machines, whilst exploring the hilly countryside and local pubs. It was on one of these outings that he met his future wife, Ivy. Later, still seeking adventure, and wanting to become a motorcycle dealer in his own right, Syd and Ivy – now married – together with three-year-old Malcolme, emigrated to Canada, briefly, before arriving in Lockport, New York, in 1958. Syd soon found work at a major dealer who sold BSA, Triumph and Norton bikes, besides several German marques. The following year Ducati made their Stateside debut, and Syd purchased one of the very first 175s to arrive from Italy.

He raced against Franco Farné several times during the Italian's USA visit in 1959/60, usually finishing second: 'I could never catch him on that Formula 3.'

At Daytona in 1965, Syd came home ninth at the 250cc USA Grand Prix on his converted Diana Mark 3, some distance astern of the all-conquering Yamaha fours of Phil Read and Mike Duff. But the following weekend Syd was at the Sebring GP, beating assorted American and Dutch opposition on his old 175.

During the 1960s Syd scored countless victories in the East Coast and Southern States. Through his racing he saw a great deal of the local countryside, and fell in love with Florida. By this time Syd and Ivy's family had been increased by the birth of daughters Julie and Joan. Malcolme had his first race in 1965 at the tender age of ten, finishing runner-up in a motocross event on a Tohatsu Rumpet 50.

At first Syd worked for Barney's Motorcycles of St Petersburg, in which town the family lives today. Then in early 1970, Syd opened 'Syd's Cycles', when premises became available at 6600 Haines Road; in December he had paid the first few month's rent, and also had $300 in his pocket and a full toolbox. The official opening was 1 January 1970, and his main line of work Ducatis, and also Montesa, BSA and Norton bikes.

With the arrival of the Desmo Ducati singles, Syd was able to continue racing 250 and 350ccs, which he continued well into the 1970s. Then came the V-twins, and Malcolme joined him, to make a highly successful father and son team. In 1985 Malcolme raced one of the first Bimota Ducati-engined DB1s, including Daytona, plus outings on various other Ducati bikes.

The author first met Syd, Malcolme and Ivy through their respective Ducati businesses, and over the years they developed a sincere and loyal friendship. In 1994 Mick Walker's son Gary died whilst competing at Brands Hatch, and Syd, Malcolme and Ivy attended more than one of the subsequent memorial meetings that have been held at the Mallory Park circuit annually ever since. Thus the Tunstalls and the Walkers have a very special relationship, not only sharing a mutual love of Ducati, but also a genuine, deeper friendship that extends beyond motorcycles.

meant that if Ducati wanted to compete in the States, it would have to do so in the framework of AMA production-based regulations.

The most logical category was the single cylinder 250cc, because it would have a similar specification to the existing Ducati ohc bevel single. At that time, however, its biggest production model was the 203.7cc (67 × 57.8mm). So Ing. Taglioni set about increasing the displacement as near a full 250 as possible, resulting in 248cc, as already mentioned.

Before this, however, Ducatis racing in the States had seen a number of 175 Sport and 200 Elite models take to the track, plus a pair of 175 F3 models sent over with riders Franco Farné and Francesco Villa.

Villa was retained by Berliner for the 1960 season, with the new 248cc single (basically an enlarged 175F3). And he scored several notable successes aboard his working prototype.

The 250 Formula 3

Encouraged by the considerable publicity this generated, Ducati then constructed a small batch of replica bikes in their Bologna experimental department during early 1961. Several of these were exported to the USA, and in April that year the British importers included the model in its catalogue. Supplied to special order only, it was advertised in Great Britain as the '250 Manxman'. But as far as it is known, only one example was delivered – to Ulsterman Campbell Donaghy of Limavady. Besides racing in his native Ireland, Donaghy rode at events such as the Race of the Year at Mallory Park.

The Diana Enters Production

For most enthusiasts, the really big news was the release of the new Diana (Daytona in the UK) sports roadster in April 1961. It was easy to convert this bike into a clubman's racer with a factory-offered race

The new 248cc (74 × 57.8mm) Diana was launched at the Milan Trades Fair, spring 1961.

kit (costing the princely sum of £18 10s – as compared with the bike's cost of £253 12s in the UK during the spring of 1962). This kit comprised a higher compression piston, 27mm Dell 'Orto SSI carburettor, a selection of sprockets and jets, together with an open, racing-only black megaphone exhaust. Fit this, said the factory, and your Diana will be able to reach 100mph (160km/h) (compared to the standard bike's 84mph/135km/h). Testers of the day endorsed this claim; for example, the American journal *Cycle World* timed a kitted bike and hit 104.1mph (167.5km/h) during a test session at Riverside Raceway, California, in 1962.

In Britain, Peter Arnold and Charlie Rous tested a pair of machines for *Motor Cycle News* in their 11 April 1962 issue. They were highly impressed, and commented:

> Take what is already an extremely swift 250 – the 85mph [137km/h] Ducati Daytona -- do little more than fit a high compression ratio piston and bigger bore carburettor than standard, and what speed increase do you expect? I was astounded, for the answer is in the region of 10 to 15mph [16 to 24km/h] . . . indeed a ton-up on this 250 is no myth.

A 1962 USA specification Diana Mark 3. This differed from the European version in having flywheel magneto ignition, smaller lights, and an abbreviated front mudguard. This bike has all the race kit, including 27mm Dell 'Orto, tacho and high compression piston.

Also, because the MCN staff tested them along the 4-mile (6.4km) length of the Stretford-Eccles M62 motorway around Manchester, they could not use the megaphone and had to make do with the restrictive Silentium muffler.

THE USA DIANA

The US-market Diana differed from the European version in its electrical system. Instead of a battery/coil system with an alternator, the Stateside machine featured an ignition and lighting system generated by a crankshaft-mounted flywheel magneto. The headlamp, tail lamp and mudguards also came from the Scrambler. Another distinguishing feature was the large racing Veglia tachometer, red-lined at 8500rpm and fitted centrally between the two aluminium fork top plugs.

The Diana (also known as the Mark 3), together with the more expensive 250 F3, saw names such as Ron Dahler, Chuck Andrews, Jimmy Hayes, Jerry Karns, George Rockett, Ray Hempstead and Syd Tunstall as the best of the Stateside Ducati single riders.

With the advent of the Diana, the 175 and Elite 200 models were largely, but not quite, obsolete. In some countries, such as Italy, Scotland and Ireland, where separate races existed for 175s and 200s, they continued to thrive.

By 1962 Jack Gow from Dundee had won the Scottish championship title, whilst in Italy, future four-times Harley-Davidson world champion Walter Villa, riding a 175 Sport converted into a racer by his brother Francesco, was runner-up to Giacomo Agostini on a 175 Morini Settebello.

The Singapore Connection

During the 1960s Singapore and Malaysia were an important market for Ducati. Large numbers of bikes (comparable with the Japanese marques) were imported by Victoria Motors, including not just standard street bikes, but also the more specialized Formula 3 models.

Racing was popular here, events including quarter-mile sprints on airfield runways, twisty sprints, hill climbs, short-circuit racing and open-road racing. At a number of venues there was the added advantage that race bikes could be ridden to and from the circuits, and at a couple of specific locations riders could test their machines at full race speed without the authorities taking any notice! The riders taking part in these events were both locals and British Army and Royal Air Force personnel.

Some of the events acquired, in name at least, Grand Prix status. Although they didn't count towards the world championship series at that time, they none the less attracted works support from Japanese marques including Honda, Kawasaki and Yamaha. The most important events were the Singapore and Malaysian GPs, the Johore GP and the Kuala Lumpur GP. Top Ducati riders of the period included Fred Dingle, Nobby Whales, Doug Curran, Kuie Keng Seng, Yeng Guan and N.G. Yeng Heng (the latter two were brothers). But probably the best-known riders, at least in Europe, were Chris Conn (Manx Norton) and Chris Proffit-White (various Hondas).

The 1964 Johore GP. Number 34 is Kuie Keng Seng (250 F3), 26 is Doug Curran (works-supplied 250 5-speed Mach 1-based 'special'), and 20 is a factory-entered Yamaha RD56 twin GP bike ridden by the Japanese Yoshikazu Sunako.

Nobby Whales racing his Formula 3 250 Ducati at Singapore's Thompson road circuit in 1964. Sadly, he was killed whilst taking part in a later meeting at the same venue.

The Forgotten Star

During the late 1960s and early 1970s one man dominated Ducati's racing fortunes in the UK. That person was Vic Camp-supported Alan Dunscombe.

Born in Manchester in autumn 1945, Alan Dunscombe's family soon moved south to Romford, Essex, where he spent his childhood.

His first experience with a race circuit came during a day at the Charles Mortimer Racing School at Brands Hatch in 1967. This led Alan to buy his first race bike, a Ducati 250 Mach 1 from Hornchurch dealer/race entrant Tom Kirby in 1968.

1969 saw plenty of track action, with several seconds and thirds, but no victories and his first ride in the Manx Grand Prix, where a finisher's award was achieved. Then, on his return from the Isle of Man, came the big breakthrough, when in October 1969 the name Alan Dunscombe hit the headlines for the first time. This was in the 'Stars of Tomorrow' meeting at Brands Hatch where, riding Vic Camp's Ducati for the first time, he romped away form the rest of the field in two 350cc races and finished fourth in the 250cc event, against much faster machinery. His 350 also allowed Dunscombe to set the fastest lap of the day.

The Camp ride had come about thanks to Tom Kirby, who had mentioned Alan's earlier performance to Vic Camp (then the British Ducati importer) who in turn had despatched his race mechanic, Bert Furness, to give his

Dunscombe in action on his Vic Camp 250 Ducati at Brands Hatch, circa 1970.

Alan Dunscombe testing one of the works 750 Imola racers at Modena prior to the Imola 200 in April 1972. A crash in the actual race was to effectively end his career as a top-line rider.

The Forgotten Star *continued*

One of the Dunscombe/Camp Ducatis on display at the London Earls Court Show in November 1971.

Holding on to his 450 Camp Ducati Desmo single until the very last moment, Alan Dunscombe comes to grief at Clearways during a Bemsee club event at Brands Hatch in 1971.

opinion. This was favourable, so Alan was given bikes for the 'Stars' meeting.

The partnership was an immediate success, Alan Dunscombe winning the 250cc production class first time out as an official Camp team member, the Brands appearance having been a one-off event. And although Alan only did another couple of meetings on Vic Camp machinery at the tail end of the 1969 season, Camp had seen enough to sign him for the 1970 season.

Although Alan won his first race of the season, things didn't go to plan for a while thereafter – not helped by not being able to get on with the new 450 Ducati. However, perseverance paid off and it wasn't long before Alan had regained his form,. winning numerous races over the next two years in the 250cc, 350cc and 500cc classes – all on Camp single-cylinder Ducatis. And remember that all of this came in the era of the twin-cylinder Yamaha TD and TR models, when the vast majority of single-cylinder riders didn't stand a chance of succeeding!

When interviewed at the end of the 1971 season, Dunscombe had this to say: 'Although I didn't take to the 450 at first, now I enjoy riding it the most of all. It steers so much better now, but it still needs a little development before it's perfect. The big Ducati is really fast and it appears to be as quick as the Seeleys!'

Of course 1971 was also the year when the brand new 750 Ducati V-twin (the GT) went on sale. Vic Camp imported a couple, one of which was promptly converted into a racer. However, Alan Dunscombe freely admits that he didn't enjoy this particular bike, finding it 'a real handful'. But it wasn't until 1972 that the bike was really ready, even then, as he recently confided, 'the bike was very heavy, lacked power and suffered poor handling'.

Even so, he was one of the very few riders in the world to test the factory's new 500 GP V-twin (in August 1971) and was also one of the four riders to race a works Ducati 750 V-twin Desmo at Imola in April 1972. But a fall saw him sidelined, with team-mates Paul Smart and Bruno Spaggiari going on to score a historic one-two for Ducati.

As for Alan Dunscombe, it was downhill all the way after that and he retired from racing in 1973, having raced Ducatis exclusively for his entire career.

THE MACH 1

The five-speed 250 Ducati arrived in the summer of 1964: it was known as the Mach 1 in Europe and the Diana Mark 3 in the States, and it was an instant hit with both the fast road rider and as the clubman's racer.

In Great Britain, two of the Mach 1's first customers were racing enthusiasts Brian Jefferies and Mick Rogers, and the early results gained by these two were excellent; thus Vic Camp, who had supplied the bikes, decided to offer a racing conversion. The first was based on Jefferies' machine, and was sold during the winter of 1964/65. Originally this bike, and others built later, had virtually no special preparation at all, even retaining the original steel front mudguard. All the fibreglass ware was manufactured for the Camp emporium by a company called Duguid Brothers; this firm subsequently produced other mouldings, in the same material, to be found on the various Vic Camp racers that followed over the next four years.

Although impressive for what it was, the Mach 1 in its standard state of tune was not quick enough to match the performance of pukka race bikes such as the Greeves Silverstone, the Cotton Telstar, the Yamaha TDI series and the Aermacchi Ala d'Oro models of the period.

The 1966 Vic Camp Mach 1 racer

Following the signing of national star Tom Philips, who had won the 250cc British championship on a Greeves Silverstone in 1963, Vic Camp found the demand for his kitted Mach 1s increasing. Customers included G. R. Bunting, Ken Finney, John Kirkby and myself.

During 1965 the price had been £299 (more than £30 over the stock Mach 1 roadster), but for 1966 this had risen to £319 10s. For this new price the following changes were listed as improvements: a twin plug cylinder head (a second, smaller 10mm plug put in at the rear of the bevel drive tube); modified clutch (drilled lobes on clutch housing); air scoop slots drilled for improved brake cooling on front stopper; Girling rear suspension units; a

Launched in the summer of 1964, the production Mach 1 was an instant hit. Not only was it the world's first true 250cc 100mph (160km/h) street bike, it also made an effective and cheap clubman's racer. This bike is stock except for the optional Veglia tachometer. Owned by James Kowan of British Columbia, Canada.

The Diana Mark 3	
Engine:	Air-cooled, four stroke, sohc 10 degree forward inclination of cylinder, two-valve single
Bore:	74mm
Stoke:	57.8mm
Displacement:	248.59cc
Compression ratio:	8:1; with race kit, 10:1
Maximum power (of crank):	17.5bhp at 7,500rpm; with race kit 25bhp at 8,500rpm
Lubrication:	Wet sump, with gear-driven pump
Ignition:	Flywheel magneto
Fuel system:	Dell 'Orto UBF 24mm; SSI 27mm with race kit
Primary drive:	Helical gears
Final Drive:	Chain
Gearbox:	Four-speed
Frame:	Single tube, open cradle in tubular steel; engine as stressed member
Front suspension:	Telescopic front fork, fully enclosed; stanchion diameter 31.5mm
Rear suspension:	Swinging arm, twin shock
Front brake:	Full-width drum, 180mm
Rear brake:	Full-width drum, 180mm
Wheels:	18in front and rear
Tyres:	Front 2.75; rear 3.00 × 18
General Specifications	
Length:	2,000mm (78.7in)
Width:	580mm (22.83in)
Height:	N/A
Fuel Tank Capacity:	17 litres (3.7gal)
Dry Weight:	120kg (265lb)
Maximum speed:	84mph (135km/h); with race kit 100mph (160km/h)

John Baker racing his 1965 Vic Camp at Perton, near Wolverhampton, on 3 July that year. He finished 2nd in his heat, and 3rd in the 250cc final that day.

One of Vic Camp's 1966 Mach 1s being put through its paces at Santa Pod Raceway in Northamptonshire during the 1960s.

Michael Hunt (93) on a 200 Elite, and David McMillan with a Mach 1 battle it out during the 1966 Lightweight Manx Grand Prix.

Runner-up Ken Watson (left) rode a Vic Camp Mach 1 in the 1966 Manx GP. He is seen with race winner Bob Farmer (91) Aermacchi and 3rd place man Brian Ball, Yamaha (54).

Mick Rogers

Mick Rogers pitted his Mach 1, not in open class racing, but against other roadsters in the Production class – with notable success. His first victory (probably the first in the world for the new Mach 1), came with a class win on 25 September 1964 at a Bemsee club event at Silverstone. Then until the end of the 1960s, he almost single-handedly dominated the 250cc Production class of British club racing. The highlight of his career came in the 1969 Production TT, when, still riding his old 1964 Mach 1, he scored a surprise victory in the 250cc category, to give himself and Ducati their first ever TT win. For a true privateer, up against dealer-supported semi-works entries – and moreover with sight in only one eye – this was a truly magnificent achievement.

30mm Dell 'Orto carburettor (in place of the standard 29mm instrument); Dunlop triangular racing tyres; a modified rear seat frame rail; and new fibreglass ware, comprising tank, seat, oil flap front mudguard and fairing. Colour options for the bodywork parts were red (by far the most popular), blue, white or yellow.

In reality the Camp modifications did not achieve much in the way of extra performance. In fact, I soon switched back to the single plug set-up, and slung the Dell 'Orto in favour of a British Amal carb, the latter being much easier to set up; it also meant that the bike fired up instantly when it was pushed into action – a vital requirement at that time as racers had to bump-start their bikes at the beginning of a race. With the original Dell 'Orto it was frequently a hit-or-miss affair, and all too often the rear wheel locked up.

The original Vic Camp Mach 1 racer, as campaigned by Brian Jefferies, circa *late 1964.*

The Tom Philips 'Special'

During a Cadwell Park meeting in the spring of 1967, I was overtaken by none other than Vic Camp's official rider, Tom Philips, on the approach to the 'Mountain' section. Although able to stay close to Philips through the hairpin and Barn Corner sections, I discovered that as soon as we came off these onto the start and finish straight, the other Mach 1 simply flew away. Afterwards I tracked down Vic Camp (whom I knew) in the paddock, and he was eventually forced to admit that 'his' bike was different from the customer ones. The result was a promise that I would be able to buy the go-faster extras. These consisted of a double-webbed titanium connecting rod, a higher compression 11.5 (slipper) piston, and a special camshaft.

With these changes the bike was transformed, with maximum rpm going from 9,000 to 11,000, and speed rising around 10 per cent, to approaching 120mph (190km/h) on the fastest circuits. This showed up the lack of power of the standard 180mm diameter SLS drum front stopper, and also the 31.5mm standard Mach 1-issue telescope forks. The ideal solution, if cost and availability had not been a problem, would have been a new front end comprising a SLS Oldani front brake and a pair of Ceriani GP forks (in fact the combination to be found on the Aermacchi Ala d'Oro).

Taglioni's 285: the Mach 1/S

As we have seen, one of the best known of all Ducati's bevel-drive ohc singles was the series production 250 Mach 1 launched in the summer of 1964. And at about the same time – July 1964 – Bruno Spaggiari and Guiseppe Mandolini were bombing around Montjuich Park, Barcelona, on the prototype of another, very different new Ducati single, which also carried the Mach 1 title but with an extra /S added. In fact this original Mach 1/S was not a 250, but a 285 (283.319cc, with bore and stroke dimensions of 79 × 57.8mm).

So why use this rather strange engine displacement? There were actually two reasons: the first was that, in Taglioni's

Canadian rider Dale Nunn taking part in the 1970 Manx GP in the Isle of Man, on a 250 Desmo single of the type raced by Bruno Spaggiari.

The author pictured in 1991 with the 1969 250 Mark 3D (Desmo) he owned for many years. These early Desmo production singles used the front end from the narrowcase models. A sister machine to this won its class in the 1970 Thruxton 500 Mile race ridden by Chas Mortimer and Dave Browning.

opinion, it would allow the retention of the original 57.8mm stroke (first used on the 175 series, and carried through into the 200 and 250cc) whilst increasing the bore to the biggest size he thought practical at the time. Secondly, the Barcelona 24 *Horas* (Hours) endurance race allowed 'one-off' bikes to run in the 'prototype' class, provided they could trace their origins back to an existing production series.

Actually, Taglioni's 285 Mach 1/S was far removed from the production models of any existing Ducati series – in truth it was a special, conceived with one purpose: to take part in long-distance racing, and survive the extreme conditions that would be encountered.

Because of this it was considerably heavier than any of the production-based models, with, for example, huge 220mm Grimeca drum brakes, a four-leading shoe device at the front and a twin-leading type at the rear. Notably the crankcases featured much wider engine mountings both at the front and rear (so were unlike either the narrow- or the widecase production engine types). The frame was also totally new, being of the duplex, full cradle type; which again was a major departure for Ducati, as traditionally the company employed the engine as a stressed member and thus did not carry any frame tubing under the engine assembly.

And events proved the soundness of the design for its particular task, when Spaggiari and Mandolini won the 24 *Horas* and also set a new race record for distance and speed.

But it was after this historic and well publicized victory that things went wrong, when the Bologna factory decided to construct a small batch of 248cc (74 × 57.8mm) and 340cc (76 × 75mm) machines for sale to private customers. Unfortunately these customers were to race the bikes not in endurance races, but in conventional road racing over much shortened distances – and thus the very 'over-engineered' concept with its extra burden of weight was to

The original Mach 1/S looked like this, and was clearly based on the 1964 Barcelona 24 Horas race winner. It was too heavy for short circuit events.

The Mark 2 version of the Mach 1/S, with lighter bodywork and smaller, more efficient Oldani brakes.

prove a dismal failure. Maybe potential customers should have been warned, as these production Mach 1/S models came with full road-going equipment, including lighting, steel mudguards, a chain guard and even a centre stand.

One of the very first machines delivered went to the Englishman Ken Watson, a friend of the author's, who worked in the British colony of Aden (now South Yemen) as a civil plant engineer. We were good friends of a Malaysian businessman who was the Aden Ducati agent, and it was he who arranged a deal in which Ken bought one of the 248cc Mach 1/S. Ken went over to Bologna to collect it on his way back to England in the spring of 1965.

His first task was to strip off all the unwanted 'tinware' – but the bike was still too heavy for serious short-circuit use. Even so, together with a Honda CR93 twin for the 125cc class, Ken Watson nevertheless took part in the British short-circuit programme that summer. And the bike came into its own during that year's Manx Grand Prix (in the Isle of Man), when it gained its most notable finish. In a race dominated by two-strokes, Ken Watson came home 9th in the four lap, 151-mile (242.95km) race in 1 hour, 48 minutes and 23 seconds, at an average speed of 83.61mph (134.5km/h). A total of fifty-three competitors finished the race. The machine later passed to Cumbrian rider Dave Maskell.

Besides Ken Watson, the only other British purchaser of the Mach 1/S series in 1965 was dealer Vic Camp. Vic actually purchased two bikes, a 250 and a 350cc, but soon discovered that they were not really suitable for conventional short-circuit use, and after pestering Ducati officials, finally persuaded the Bologna factory to take them back. Less well known is that before all this took place, Vic planned to get the bikes sent back with mechanical problems. To achieve this he persuaded one of his riders to over-rev the engine – but they were in for a surprise, because try as they might, they could not get either engine to self-destruct! They were effectively 'bullet-proof', a trait needed for their original task of running flat out for at least twenty-four hours without giving trouble.

A quantity of other Mach 1/S models were sold to other markets, including the USA and Malaysia; but results were hardly

A 1966 Mark 2 Mach 1/S being raced in Malaysia.

Daytona 1982; the American rider Bannister-Brown with his 1966 350 Mach 1/S.

any more encouraging. Undaunted, a new, smaller and lighter version was offered for the 1966 season, examples going to both Great Britain and the USA. In an attempt to improve the power-to-weight ratio it was given smaller, but just as efficient Oldani racing brakes, and in some cases lighter cycle parts, such as the tank and seat. But by then Yamaha's two-stroke twin had begun a stranglehold on the lightweight racing class, the result being such that the Mach 1/S was not continued. Instead the factory was to concentrate on the design and development of its new range of lightweight singles, including the first ever production Desmo models.

THE 350 ARRIVES

The largest narrowcase (same engine mountings front and rear) was the 340cc (76 × 75mm), which shared much of the Mach 1's engine. Ducati called it the Sebring, and in series production roadster form it was only ever marketed as a touring model. But as we have seen, Ducati built a special racing version, the 350 Mach/1S. One of these had been shipped to the States in 1965 for importers Berliner, together with Franco Farné (who had ridden in the USA years earlier). He rode at Sebring, Florida, finishing 10th overall, against a variety of machines. And this is where the narrowcase 350 got its name!

The First Widecase Models

Good as the original Ducati ohc bevel single was, its long production life had obviously revealed some areas that could be improved upon. As a consequence of this, a new family of engine – though following similar design layouts – arrived on the scene during the end of the 1960s.

The type of engine now known the world over as the 'widecase' made its public debut towards the end of 1967. The original show prototype was a valve spring 350 Mark 3, but by the spring of 1968 this had been joined by the Scrambler, and both the Mark 3 and the SCR (the abbreviated name for the Scrambler) had entered production.

DESMO PRODUCTION BIKES

But the really big news was that for the first time, customers were able to buy a production bike with the famed desmo valve system – and this was a first not just

The ex-Bruno Spaggiari 350 Desmo semi-works bike, raced successfully in Italy during 1968–70. It was sold to British importer Vic Camp for use by his rider Alan Dunscombe. Camp modified it with a British-made Paghiln disc front brake, using a Lockhead caliper.

for Ducati, but a world first for any manufacturer. Although engines apart, the Mark 3 and Mark 3D (desmo) were essentially the same bike.

The design of the desmodromic system for mechanical valve opening and closing was very similar to the one employed by Ing. Taglioni on his 1950s works racing models. The difference was that the roadsters' valve closing was assisted by springs, unlike the racers, which were much lighter than the ones on non-desmo (valve spring) versions; in fact, they were the very same ones that could have been found a decade earlier on the 125 Sport! As with several of the design's less critical components, borrowing from existing models gave production staff an easier ride.

THE 450

Arriving in 1969, the 450 (435.6cc–86 × 75mm) was to be the final enlargement of the classic Ducati bevel single to enter production. Actually the 450's engine was considerably different from the 250/350 (which shared many components). The bigger 450 also tended to vibrate far more than the other two. However, it still found favour amongst racing competitors, as did the smaller widecase models which, although heavier, were generally more robust than the earlier widecase machines they superseded.

The Silver Shotgun

This title was never an official Ducati term: it was given to the new series of widecase Mark 3 and Desmo models that made their debut at the Milan Show in November 1971. The nickname was suggested thanks to the model's silver metallic finish on the fuel tank, seat back, front mudguard and side panels. It also proved to be the forerunner for the now legendary yellow Desmos.

Prior to the advent of the Silver Shotgun, the Desmo had to make do with the front end from the old narrowcase models. But now there were the much superior 35mm Marzocchi exposed stanchion front forks, a double-sided Grimeca front brake, Borrani alloy rims, rear set foot controls, and a tachometer as standard equipment.

Peter Byrne, Classic Racer

Peter Byrne was born on 19 March 1955; he now lives in Germany. This is his story:

After starting on Triumphs and Nortons, I bought my first Ducati in 1975. It was an 860GT, and ignited my passion for Ducatis. This particular one was replaced by a 1978 black and gold 900SS, which I still own.

I started racing in 1980 on a Ducati 250 road bike converted to a racer along the lines of the Vic Camp bikes. I raced in single cylinder classes mostly, at Bemsee, in 1980 and 1981, against the established authorities on Ducatis, Anthony Ainsley and John Wittmann. In 1982 I mostly took part in CRMC and Midland Club meetings. 1983 was a busy year, with nineteen race meetings at Bemsee, in CRMC and national events, with a handful of wins.

In 1984 and up until 1986 I raced at CRMC and national events. CRMC events were special, because they offered the opportunity to race against equivalent bikes. The Lawton Aermacchis, the Honda twins and the classic two strokes were the bikes to beat, but the Ducatis made up most of the grid.

My ambition was to turn the road-going Ducati into one of the fastest racers, and to beat the Aermacchis. We performed all the development work within the rules of the CRMC. Bob Millinship and I pooled resources, and from time to time we worked closely with Anthony Ainsley. Cams were obtained from Italy, we designed pistons, and performed our own porting. Dynanometer test work was performed to quantify the results and optimize the exhaust and inlet systems.

My best club weekend was a win, three seconds and a third at Snetterton in August 1984, only losing to Stewart McDiarmid on his Suzuki 250, and Bob Peabody on the Wilkinson Bultaco 250 at the CRMC Race of the Year meeting.

National meetings hosted rounds of the Kennings/*Classic Bike Magazine* series, a good opportunity to win some money. My best national season was 1985 when I won the Kennings/*Classic Bike Magazine* 250 championship, narrowly beating Les Trotter on his Crooks Suzuki.

I took my first Manx Grand Prix in 1985 on my 250 Ducati, in the Newcomers' race. Bob Millinship, Lindsay Grant, Steve Bennett and I opted for the Newcomers because it offered four laps instead of the three of the Classic, and although our 250 Ducatis were completely outclassed by the more modern bikes, we wanted to get the maximum experience of the island course. That Newcomers race was won by none other than Carl Fogarty on a modern 248 Yamaha. I then prepared a 350 Desmo racer from a road bike, especially to compete in the MGPs.

I subsequently raced the 350 Desmo every year from 1986 to 1990 in the MGP Classic races. My best placing was 6th in the 1989 Classic Junior, at 92.3mph (148.5km/h), and a replica. In that year I won the Manx Telecom Trophy, which is the best club team prize, together with Bob Millinship and Ted Edwards, all of us on 350 Ducatis.

After a crash in the 1990 MGP, I retired from racing in the Isle of Man.

I had moved to Munich in 1988, and raced at Hockenheim in Germany and Zeltweg in Austria. There is very little opportunity to race here in Germany because of the noise and pollution lobby. The Ducati 'speed weeks' organized by the Ducati Club Austria at Zeltweg were wonderful events, and I competed there from 1991 to 1994, with three wins and one second in the races open to single cylinder Ducatis on my 350 Desmo machine. In 1992 I won the Ducati single race outright on my 350 Desmo, beating a selection of 500s. I have not raced there since the Zeltweg circuit was sanitized for Formula 1 events, reducing the track to a point-and-squirt circuit.

Work commitments and the arrival of my son and daughter have restricted my racing plans for the present, but my 250 and 350 reside in my cellar, waiting patiently for their next outing.

The final version of the Desmo single was built in 239, 248, 340 and 436cc engine sizes and was available with either a double drum front brake (shown) or Brembo disc. The rider here is Duncan Fitchett at Cadwell Park, Lincolnshire.

Mick Walker (left) with close friend Barry Sheene and one of the 450cc Walker Ducati racers in June 1973. The bike, fitted with the ex-Alan Dunscombe engine, was raced by David Evans.

LAST BUT BEST

'. . .certainly the best of the wide-case and bevel singles – and in particular. . .'

The most obvious and striking change was to the colour scheme, with the orange-yellow Desmos standing out from the crowd like beacons in a lighthouse; the blue and gold Mark 3s were just as good, but they were not as striking, having a more reserved character.

There were also a number of technical innovations, most notably the adoption of the then very rare electronic ignition system. This was energized by an additional coil on the alternator unit.

The engine units were fundamentally much as before, with displacements of 248.6cc, 340.2cc and 435.7cc. There was also a new tax-beating 238.6cc (72.5 × 57.8mm) for the French market. This actually had features such as a better carb (PHF 30 against a VHB 29 for the other models) and a slipper racing-type piston (against a full skirt type on the balance of the range). Production finally came to an end in 1974, when the last of the bevel singles came off the Bologna production lines.

This brought to an end one of the best loved, single cylinder lightweight motorcycles of all time, one that could just as easily be raced successfully, as it could be used for fun on the public highway.

Ducati racer and tuner Nigel Lacey 'relaxing' with his 350 single before the Dutch TT in 1994.

Ducati classic racer Ray King on his 250 single, at Snetterton in the early 1980s.

British classic Ducati racer Nigel Lacey on his way to a superb third place at the Dutch TT, Assen, 1994.

Ducati singles have proved popular in classic racing events all over the world. This photograph at Knockhill, Scotland, at the Bob McIntyre Memorial meeting in June 1986 shows the 350cc race. Number 174 is Rob Dickson (Walker Ducati) and 475 Mike Berry on another Ducati.

Originally constructed in 1972, the original prototype 350 Mick Walker Ducati used a tuned Sebring engine and a Saxon-built chassis. The front forks were Ceriani. The disc brake had replaced the original Fontana drum fitted in 1972.

Engine of the 1974 248cc Desmo. As standard it came with electronic ignition, and Dell 'Orto square slide VHB carb.

Classic racing had grown into a major sector of motorcycle racing over the last two decades. American Malcolme Tunstall is pictured here at the 1999 Dutch TT Transatlantic Match Races at Assen in 1999, with his Dutch friend Peter Politick's 450 Desmo for the IHRO European 500cc Championship.

Racing a 450

My name is Pat Alexander, and back in 1990 I owned a 350 YPVS Yamaha on the road. However, I had always hankered after a Ducati of some sort when, twelve years earlier at the age of twelve, I saw Mike the Bike on the front page of *MCN* winning the Formula 1 TT on that NCR masterpiece. By co-incidence, I came across a 1974 450 Mark III in the local Yamaha dealership, and proposed a swap – which, to my surprise, came off. In spite of its age, on the ride home I was very impressed with the handling when compared to the two-stroke relative of TZ racers. Ing. Taglioni wasn't just a great engine designer after all.

The other reason for obtaining the Duke was because I wanted to have a go at road racing. It's been in the family blood ever since my father, Andy, first started out on a 200cc Tiger Cub before I was born. Like many riders of the 1960s, he couldn't afford the switch to Japanese machinery, and soldiered bravely on, with 500cc and 686cc Triumph-powered Rickman Metisses, until the CRMC offered a welcome refuge in the 1980s. At the time, the CRMC ran a Group 3 production class for 250, 500 and 750 machines. Having ridden a couple of parades on Dad's 500 Metisse, upon which he won the Group 2 Race of the Year in 1991, 1993, 1994 and 1995 at CRMC meetings, I noticed that the 450 Ducati was very competitive in G3, especially in the hands of Simon Morris on the Anthony Ainslie-prepared Desmo version.

Racing a 450

Surely no one can deny that the Tartarini-styled yellow Desmo singles are right up there when considering the most beautiful of the singles lineage. Therefore I set about a cosmetic conversion that was simplicity itself, just a single seat unit, rear set footrests and linkages, some painting and a transfer kit. The steel rims were replaced with a new set of 18in Akront alloys and Avon Roadrunners. The racing compound rubber provided grip that I hadn't even begun to dream of on the road bikes I'd owned previously. It took a few weeks to make the tools required to strip the engine down properly. Thereafter over several months the state of tune moved in the direction of half of a bevel-driven 900 SS (including a donor piston and Conti silencer), albeit with a 32mm Dell 'Orto pumper – the maximum permissible under CRMC production regulations. Fortunately I have a patient disposition, which certainly helped during the inevitable hours of shimming whilst rebuilding the engine from scratch.

My most treasured early memories are both from Brands Hatch. In 1990, being passed in a parade by Phil Read on a flying Aermacchi whilst heading under the footbridge down the Pilgrim's Drop straight and then watching him peel stylishly into the right-hander, Hawthorn's. The other was winning the 500 G3 category in one of the production races during the 1991 Superprix in July that year, on the Indy circuit. Alex George won that race on a Trident and I was quick enough at 65.88mph (106km/h) average not to be lapped by him, to boot!

I competed in a mixture of CRMC, North Gloucestershire and European events in the following years, slowly developing the bike as time and resources permitted, but never straying from the yellow Desmo look. A close ratio gearbox conversion and straight-cut primary drive were the most expensive parts lavished on it, and they were well worth it, too. The original gears had done a few thousand road miles prior to competitive road use and were no longer reliable, although several hours spent reconditioning the rather 'Heath Robinson' selector mechanism with new bushes, springs and so on, was effective in eliminating missed gear changes early on in the bike's racing days. A cross-over exhaust under the bike gained significant ground clearance improvements around right-hand bends.

A 40mm Dell 'Orto, combined with a serious porting job, really gave the engine some top-end power thereafter. The 900 SS piston didn't fill the combustion chamber like a 250 or 350, so I never opted for twin spark ignition system. The additional speed gained , combined with slow wear of critical chassis components – the headstock and swinging arm bearings in particular – gave rise to handling deficiencies which then needed to be sorted out to take full advantage of the additional gains in performance. Whilst the 180mm double-sided Grimeca front brake, in a fettled condition, provided adequate stopping power in the early days, a four leading shoe conversion or a Brembo single disc (an option on the original Desmo singles) would probably suit the quicker engine much more so. Nevertheless, it's well worth pointing out just how suitable for racing a well set up standard Ducati single really is – courtesy of Ing. Taglioni, of course.

Pat Alexander on a 450 Mark 3 racer, between the Bus Stop and Devil's Elbow at Mallory Park on 24 May 1992.

Of the UK circuits, Cadwell Park has to be my favourite of those that I have had

Racing a 450 *continued*

the privilege to compete upon, having so much variety over a comparatively short distance. It was a bit of a contradiction that the local RAF airbase circuits, courtesy of North Glos MCC, although easy to reach, were all cones and bales, and therefore not a patch on those venues that are further afield. It was a frustrating time trying to keep G50s in sight, and I often enjoyed it more if the rain was falling, as the little 450 is a real gem when it gets dicey underfoot. You had to be careful as to which practice session you went out in, too, since you could easily find yourself with an uncomfortable 50mph (80km/h) speed differential when passed by a 150bhp GSZXFZCBR rocketship! A 1st place in the Classic Bike 500 category at Keevil in September 1993 was the best result, although there are also two 2nd place awards in the trophy cabinet too, one from Hullavington in September 1991, and the other from Keevil in May 1994.

In September 1995 I was very proud to be the first 450 home in the Ducati single only race, held at Mallory Park in memory of the late Gary Walker – that was a wet day's racing. I recall superbike ace John Reynolds walking over to have a chat about the bike towards the end of that meeting. I was surprised to see a high profile racer of modern machinery – he was on Kawasakis at the time, before he saw the light and rode 916s – have such an interest. A few years previous to that, again at Mallory, I had experienced one of the few mechanical retirements that I have had whilst racing, when the woodruff key on the primary drive side of the crank sheared. The drive gear relies on friction and that key to transmit power. The mating faces weren't clean, and there wasn't enough tightening torque employed. That was soon put right, and I had learned a lesson about one of the few Achilles heels of a motor stretched way beyond its 175cc origins – confirmed by some of the part numbers cast into the engine containing '175', would you believe.

The European adventures began after meeting a quick Belgian Ducati 888 racer, Leon van Daele, and his friends whilst I was spectating at the TT in 1991. They told me about the Ducati owners meetings held in France and Holland, and I made several trips thereafter. The Dutch meetings were particularly memorable. Held at Assen in September, they featured BOTT and SOS as well as Ducati-only classes. That Britten V-twin was absolutely stunning, as were the Over Yamahas. But I digress. I was overwhelmed to start an event for singles in front of a packed grandstand of Ducatisti, and found the cambered corners to my liking. I got a real kick out of the series of bends towards the end of the lap, which on a single just get quicker and quicker until you brake hard for the chicane before the finish line. Nigel Lacey's self-tuned and phenomenally quick 350 Sebring-based racer, combined with his superb riding skill, saw some stiff continental competition from the likes of Henk Blokhuis and Marcello Marturiello, together with quick UK front runners such as John Spong and Eric Anderson.

A classic event at Jehonville, in the south-east of Belgium, has also been a particular favourite of mine for several years. The small street circuit there hosts a late summer weekend of superbly organized races together with a special evening atmosphere unfamiliar to the perhaps overly serious UK scene. It's a chance to mix it with some decidedly post 1967 two-strokes and post 1972 four-strokes, due to the liberal eligibility rules over there. Although I stopped competing 'seriously' at the end of 1995 and went back to pushing pedals around, I still made the trip to that meeting apart from 2000. It would take most of the weekend to get back into the groove racing wise, but I looked forward to that challenge for the rest of the year. A spectating visit to Chimay last year was well worth it, if only to see the beautiful and rapid 450 of the Rademaker brothers, who gave the IHRO Manx and G50s a taste of what Bruno Spaggiari once dished out two decades previously. If you want to see the original works 450, or for that matter Mike the Bike's 1978 TT bike, take a trip to the *Museo* Ducati at the Bologna factory. I can personally and wholeheartedly recommend it.

I've had the privilege to own several Dukes in the meantime: 350 SCR, 500SL, 851 Tricolore. However, that little 450 single has certainly got plenty of great memories associated with it, and therefore I have no intention of parting with it for the foreseeable future, if ever.

6 The Barcelona *24 Horas*

A logo depicting Ducati's five victories up to and including 1964 (1957, 1958, 1960, 1962 and 1964).

Montjuich Park, Barcelona, was without doubt the most difficult, demanding and probably dangerous of all existent circuit endurance races – which was why this most famous of all marathons was axed a few years ago.

Unlike the Isle of Man TT course that has a lap of 37.73 miles (60.71km), the Spanish track was a mere 2.73 miles (4.39km) in length. But what it lacked in distance it more than made up for in countless sharp bends, steep descents and blind corners. Because of the constant acceleration and braking, the demands on both the machines – on the mechanical components, tyres and brakes – and on the riders, were extreme.

THE *24 HORAS* BEGINS

The legendary *24 Horas* (Hours) race was first staged in 1955, and was thereafter held without interruption until a series of accidents brought its curtailment some three decades later. During the intervening period it became, with the French *Bol d'Or*, the most important and widely reported endurance race for two-wheelers anywhere in the world.

Initially the event was intended solely as a feat of endurance, in which simply to finish was a test of the tenacity of both rider and machine. However, over the years it was to develop into a genuine road race, a test of both endurance and speed in which victory brought tremendous prestige, not only in Spain, but all around the globe.

DUCATI JOIN THE FRAY

Victory in the first Barcelona *24 Horas* went to a local 125cc Montesa two-stroke, that completed 510 laps of the arduous course. Montesa also took victory in 1956. But from what was most definitely a modest, low profile start, was to come an ever increasing number of entries year-on-year and with it, international recognition. The first non-Spanish victory went to the Italians, in the shape of the Ducati marque.

The Bologna factory's debut came in July 1957, and in the process was the key to establishing a totally new Spanish offshoot, the Barcelona-based Mototrans factory. Paired with their ace rider, Bruno Spaggiari, was a newcomer to the Ducati equipe, Alberto Gandossi. The machine chosen to contest the race was a 125cc version of the 100 (98cc) Gran Sport: a pure-bred competition mount. This particular machine had originally been prepared back at the company's Bologna headquarters for the Milano-Taranto road event earlier in that year; but this had been cancelled following the Mille Miglia disaster earlier that spring, in which several spectators had been killed when a competitor's car had left the road.

The team of Spaggiari and Gandossi covered a total of 586 laps to win the event overall, after about 24 hours, at an average speed of 57.66mph (92.77km/h), and covering 1,385 miles (2,228km) in the process. Furthermore, Ducatis filled the next two positions – and this debut performance heralded the start of a continued Ducati presence over the next quarter of a century, in which they were to be the most successful marque in the history of the *24 Horas*.

GRAND PRIX COMMITMENTS INTERVENE

Ducati were fully committed to their Grand Prix efforts in 1958 and 1959, but returned to the Barcelona marathon in 1960, when no fewer than eight 175 machines contested the race, with a mixture of Spanish and Italian riders. Francesco Villa and Amedco Balboni won, averaging 59.25mph (95.33km/h), with 603 laps completed. This Ducati victory was against formidable international opposition, with the likes of the British pairing of Peter Darville and Bruce Daniells on an MLG-entered 600cc BMW R69S twin.

The tables were turned the following year, when Darville, by now partnered by Norman Price, won; they completed a record 613 laps in the twenty-four-hour period. The second bike home, eight laps adrift of the big BMW, was a 175 Ducati ridden by the Spaniards Fargas and Rippa. The third team, a further 30 laps in arrears, was another British pair, Peter Inchley and Robin Good, on an Ariel 250 Golden Arrow twin-cylinder two-stroke. The BMW took the lead when Francesco Villa's Ducati 175 broke a valve after seventeen hours, just when a repeat of the 1960 result looked to be on the cards.

THE MOTOTRANS EFFORT

Ducati were back in Barcelona again in 1962, this time with a prototype Mototrans 250. Essentially this used a specially prepared version of the Ducati bevel-driven overhead cam single in a lightweight chassis and with pukka racing brakes. Piloted by Ricardo Fargas and Enrico Rippa, this machine made a winning debut, completing 1,344 miles (2,162.5km – 591 laps) at an average speed of 56mph(90km/h), arriving with perfect timing on the finishing line a mere five seconds before the twenty-four-hour period was up. Peter Darville and Howard German came home runners-up on a 499cc Velocette Venom, ten laps behind. The Spanish marque Bultaco had their first taste of glory in the event, winning the 125cc category.

Another Spanish company, Montesa, with two-stroke singles, swept to a 1-2-3 victory in the 1963 *24 Horas*. Racing began at 6pm on Saturday, 3 July. During Sunday, temperatures topped the 80 degrees mark – although this was almost a welcome relief from the previous day, when Barcelona had positively sweltered, being the hottest location in the whole of Europe, with the thermometer at 92 degrees!

It was a triumphant return for Montesa, who had been out of the motorcycle sport since the late 1950s. Their winning riders were the brothers Jorge and Enrico Sirera, on a prototype 250 version of the new Impala Sport – the Spanish team completing a record 620 laps. Fifth overall and winner of the 125cc class were Bultaco, who also claimed fourth spot with one of their new 196cc Metrallas. The best non-Spanish entry was the British team of Buckmaster/Jackson who finished sixth on a 500 Triumph T100SS, with 555 laps recorded. And what of Ducati? Well, for once they did not contest the event.

DUCATI MAKE A VICTORIOUS RETURN

If Montesa's 1963 victory had been impressive, the one scored by Ducati upon their return the following year was breathtaking. In 1964 the company launched its legendary 250 Mach 1, but its record-breaking Barcelona *24 Horas* victory was won with a prototype 285cc one-off, based on the new 248cc sports roadster, but with the cylinder bore size increased to 79mm.

By this time the event's regulations allowed factory 'prototypes', although in theory, these had to be based around a production model. In fact the winning Ducati, called the Mach 1/S, was far removed from the standard bike, and was most definitely a special, expressly constructed for long-distance events.

The riders chosen to pilot this machine were the very experienced Giuseppe Mandolini and Bruno Spaggiari (the latter having won on a Ducati back in 1957). The Italian pair not only chalked up 635 laps, they also became the first to average more than 100kmph (100.293km/h). After the finish of the race, Spaggiari made the sign of the cross on the track and vowed he would never race in the Barcelona marathon again – a promise he kept.

THE SPANISH AND BRITISH FIGHT BACK

At this point Ducati 'retired' again for a few years, leaving the field to others. In 1965, special builder Dave Degens created something of a surprise to the form book by defeating the assembled works teams with his home-brewed Triton (a 649cc Triumph Bonneville engine in a Manx Norton chassis). This was to prove a starting point for Degens and Dresda, a succession of specials appearing thereafter from the Londoner, under the Dresda Autos banner.

On 9 and 10 July 1966, Montesa won for the fourth time and set a new race record of 646 laps. Another 250 Montesa single was runner-up, third place went to a Velocette 499cc single, fourth a 649cc Triumph, fifth a 230cc Ossa, and sixth another 649cc Triumph.

It was Ossa's turn in 1967, when a 230 sport ridden by Carlos Giro and Luis

Bruno Spaggiari

Today, names such as Hailwood, Smart, Rutter and Fogarty are familiar to Ducati enthusiasts all around the world. But as far as victories go, even these great men are left trailing when it comes to Ducati exploits by the lesser known, but still great Spaggiari.

The young Bruno first owned a motorcycle in 1955, and it was a Ducati. At the time he was a fledgling mechanic, just starting his working life; but within a few short weeks he had begun a racing career by finishing fourth in the legendary Milano–Taranto long distance road event – on one of the brand new 98cc Gran Sport (Marianna) bevel singles. And this was when he first came to the attention of his mentor, Ing. Taglioni, Ducati's design chief. As Spaggiari was to recall when I interviewed him back in 1985:

> In those days things were different, because we didn't find ourselves on safe, enclosed tracks, but on unsafe open roads, which demanded both physical strength and stamina. Imagine racing non-stop from Milano in the north of Italy to Taranto in the south aboard a tiny Ducati!

For several years thereafter he rode a number of Ducati singles, including a full Grand Prix model in the world championship series during the late 1950s. After that came a spell with Count Dominico Agusta's MV team alongside world champion Carlo Ubbiali, and a shorter spell with Benelli – riding the prototype of its new four-cylinder 250.

But then Bruno Spaggiari received a call back to Ducati, as he recalled: 'I knew it would work well, and I was already under the Taglioni spell. I wanted to win, nothing else would do, and I thought his Ducatis would do this for me.'

And Spaggiari was right, with a particularly successful and enjoyable spell coming during a period when he was seconded to Mototrans in Barcelona, where he worked as a *collandatore* (development rider), and as a member of the Spanish manufacturer's race squad. Using bikes that were built in Bologna, but prepared and tuned in Spain, Mototrans was extremely successful with both the 125 Desmo single, and the twin-cylinder models.

Another aspect of Spaggiari's racing career was the Barcelona *24 Horas* endurance race. His first victory (riding a 125cc Ducati) came in 1957; however it was his last, in 1964, aboard a prototype 285cc Ducati single, that really made the headlines, not only for its record distance, but because it came on an unfaired bike against bikes often two or three times larger. But after the finish of that race (in which he was partnered by Guiseppe Mandolini) Spaggiari made the sign of a cross on the Barcelona track tarmac, and promised himself that he would never take part in the *24 Horas* again. During the remainder of 1964 he raced an MV Agusta at home in Italy.

But Ducati wasn't forgotten, and soon Spaggiari was racing for Taglioni yet again, this time on the bigger singles, in 250, 350, and eventually 450cc engine sizes. Soon results came, in particular with the factory development widecase Desmo singles from 1968 onwards.

In 1972, Ducati built a full racing version of its new 750 V-twin that had made its debut in prototype form in the summer of 1970, and as a 500 racing model during 1971. Spaggiari had been involved from the initial testing through to racing the smaller V, and together with Paul Smart, took part at Imola in April 1972 on the 750 Desmo. And as history records, the latter was truly a red letter day in Ducati's development, with Smart and Spaggiari coming home a magnificent, and unexpected, one/two. The following year Spaggiari was runner-up at Imola again (this time to the Finn Jarno Saarinen on a works Yamaha 350 twin).

Time moved on, and in 1973, after spotting the young Franco Uncini (later the 1982 500cc world champion) at Misano riding a Suzuki twin, Bruno Spaggiari formed his own race team, named 'Scuderia Spaggiari'. In 1974 the team contested nine races and won them all, the honours being shared between Uncini and Guilio Sabatini. The bike they used was the factory-prepared Imola 750 V-twin.

Late in 1974, Bruno Spaggiari realized that the time had come to stop – he had been involved with racing for almost two decades, most of them with Ducati machinery. And he moved quickly to selling Peugeot cars, switching to Fiat in 1980, and to a quiet family life.

Yglesias belied its capacity to beat the entire field. It did, however, and in doing so this pairing covered 662 laps, a record that was to stand for several years. 1967 was also British Ducati importer Vic Camp's first foray abroad, when Ken Watson (who had finished 2nd in the 1966 250cc Manx Grand Prix on a Camp-entered Ducati) and Tony Wood shared a narrowcase 250 Mark 3; but their efforts were to no avail, with the team posting a retirement.

VIC CAMP'S SUCCESS

In 1968 the Vic Camp equipe returned with the same motorcycle, but two different riders: Reg Everett and Paul Smart. Even though the latter crashed, the Camp entry finished an excellent 3rd overall; the same pairing also finished 3rd that year in the Brands Hatch 500-mile endurance race, riding the same bike. In 1969, a prototype 360cc Bultaco, using a modified motocross engine, won the event.

The next landmark in the Montjuich Park event's history came in 1970, when Dave Degens returned to score his second victory, on another Dresda special. In fact the British team took the first four places on a mixture of machinery: Degens/Ian Goddard's 649cc Triumph-engined Dresda; eleven laps adrift were Ken Buckmaster and Irishman Austin Kinsella with a 649cc Triumph; then in third place came long-distance experts Peter Darville and Norman Price, whose combined ages totalled eighty-six years, with a Honda CB 750 four; this, after a thrilling tussle with Graham Sanders' and Don Jones's 654cc BSA twin.

LAVERDA DOMINATE

The Italians returned to win in 1971, but this time it was Laverda, not Ducati: in fact they finished first, second and third, and with their bright orange 748cc SFC overhead cam parallel twins, they made a very colourful sight.

The Spanish marque Bultaco, although by this time concentrating their production almost exclusively to the offroad sector in the shape of motocross, trials and enduro bikes, still found it hard to stay away from the tarmac – and most of all the local Barcelona race. So for the 1972 event, the factory entered Benjamin Grau and Juan Bordens on the very same 360 single that had won back in 1969. Classed as a prototype, it was a superb machine, using a motocross engine (suitably modified) mounted in a pukka road-racing chassis from the 350 TSS, and sporting an expansion chamber exhaust, twin head-lamps, a large capacity fuel tank (needed because of the motor's appetite for petroil mixture), and a massive 240mm four shoe drum front brake. As in 1969, the combination of two skilled riders and the powerful, light, sweet-handling Bultaco proved unbeatable.

A SENSATIONAL DUCATI VICTORY

But in the following year, 1973, even the Bultaco 360 was vanquished, with a memorable return by the 'Masters of Montjuich', Ducati. That July it was in fact the debut race for the new '860', the prototype machine that was effectively a 750 SS Imola Replica with the engine increased in size to 864cc (86 × 74.4mm). With Grau and Salvador Canellas in the saddle, and under the guidance of its Spanish Mototrans works, the newcomer ran faultlessly for the entire twenty-four hours. It was truly a debut to dream about, with the winning margin a massive sixteen laps; it also set new lap and distance

The 1973 Barcelona 24 Horas (Hours) race winners, at record speed: Salvador Canellas (left) and Benjamin Grau (on bike) with the prototype 864cc Ducati V-twin, 7–8 July 1973.

Vivid action from a Ducati competitor in the 1975 event.

Benjamin Grau on the NCR-prepared 864cc Ducati V-twin in the 1975 event.

Italian star Virginio Ferrari in vivid action on the works Ducati V-twin in 1976. Evidence of an earlier spill during the marathon is visible from the broken fairing screen.

Benjamin Grau during the 1978 Barcelona 24 Horas.

A mechanic working on one of the NCR Ducati endurance racers; circa *1979. Note the dry clutch and sump-mounted oil filter, also the hi-level exhaust.*

Engine from Grau 1978 Barcelona endurance racer. Reputed to have produced around 90 bhp.

records, the pair packing 704 laps and 1,674.58 miles (2,694.4km) into the twenty-four-hour period. And this was against top class opposition from the likes of full works entries from Honda, Kawasaki, Laverda, Moto Guzzi and BMW, to name but a few.

In 1974 Grau and Canellas were back at Montjuich Park; but after sixteen hours, and with a nine-lap advantage, the Ducati's transmission jammed. However, the winning French team of Godier and Genoud, riding a four-cylinder Kawasaki, failed to improve upon Ducati's 1973 speed and distance records.

DUCATI WIN YET AGAIN

In the following year, 1975, Grau and Canellas improved upon their previous figures with their winning ride on another Ducati V-twin, when they won by an amazing eleven laps, recording 731 circuits – 1,722.2 miles (2,771km).

By now the Japanese factories were throwing vast amounts of money into winning the endurance world championship series (which included not only Barcelona, but the Bol d'Or and the Belgian Spa event). By 1976 Ducati were struggling, even at Montjuich Park, where the leading Ducati was down in third spot behind a pair of works' Hondas.

Even so, Grau, as the Italian factory's main standard bearer, still managed some superb rides, and was rewarded by 6th in 1978, 3rd in 1979, 2nd in 1981 and 4th in 1982. He also won the 1984 event, but this came after the venue had been axed from the FIM's official endurance championship. Adding these results to his two wins in 1973 and 1975, he could surely lay claim to the title of outright 'King of Montjuich'. And Ducati themselves were to score one more victory in the *24 Horas*, when the Spanish riders Tejedo and Mallol finished ahead of the field to ensure that, in 1985, the Ducati name was engraved upon the famous trophy, originally put up by the *Pena Motorita* club of Barcelona, for a record number of times.

With the end of the Montjuich Park marathon in 1986, no rider or factory can ever better these magnificent results of endurance, courage and skill, which together made up the unique character of the Barcelona *24 Horas*.

Colourful Ducati brochure from 1956, showing riders from that year's Giro d'Italia (Tour of Italy).

Four-times World Super Bike (WSB) champion, Carl Fogarty; circa 1999.

TOP LEFT: Welshman Mick Manley successfully rode a 220 dohc Ducati single to runner-up spot in the 1962 British Championships. Then in the early 1980s he made a return riding a Mach I in classic events. This photograph was taken at Mallory Park, 7 May 1984.

TOP RIGHT: Four-times TT F2 world champion Tony Rutter on his way to yet another victory, during the 1985 Isle of Man TT.

Dutch Championship action 1993 at the Hengelo circuit. Alan Cathcart (99) en route to victory on his Supermono 4-valve single.

Ducati works rider Mauro Lucchiari on the winners' rostrum, Monza, summer 1993.

BELOW: Portrait of four-times (a record) World Super Bike champion, Carl Fogarty. All his titles in WSB were achieved on Ducati machinery.

RIGHT: The author (sitting on bike) with racer Shaun Brown, after taking part in the launch of the new Ducati Performance Race School at Cadwell Park, March 1999.

Built from 1956 until 1961, the 125 Grand Prix featured double overhead camshafts and a 5-speed close-ratio gearbox.

The ex-Bruno Spaggiari 350 Desmo racer of 1969 vintage was later raced by Alan Dunscombe and Ian Griffiths.

Ducati's 500 Grand Prix V-twin; it pre-dated all of the other Bologna company's V-twin racing motorcycles when it made its debut in 1971.

During 1992 (and 1993) Robert Dunlop (Joey's younger brother) raced this 888 Corsa V-twin for the Oxford Products race team in the British Championship series.

A room in the Ducati Museum is dedicated to the achievements of English riders Mike Hailwood (1978 Formula 1 TT – left) and Paul Smart (1972 Imola 200 – right) and their winning machines.

A 1991 851 (888cc) Corsa; essentially a customer version of Raymond Roche's 1990 World Super Bike-winning bike.

The Massimo Bordi-designed, Supermono, liquid-cooled, dohc four-valves-per-cylinder Desmo single. Styling was by the South African Pierre Terblanche. It made its bow at the 1992 Cologne Show.

Alan Cathcart of Great Britain winning on his Vee Two (Australia)-backed Supermono at Daytona in 1996.

The original prototype 750 SS 'Imola Replica' of 1973; compared to the main production batch built in 1974 it featured leading axle forks and a 'clip-on' front mudguard.

Mick Roger's 1969 Isle of Man TT-winning 250cc production Mach I, photographed at Cadwell Park the same year.

ABOVE: Carl Fogarty's 1998 World Super Bike-winning 996cc works Ducati with fairing panels removed to show engine and frame details.

RIGHT: The late Ing. Fabio Taglioni at the opening of Museo Ducati in Bologna during 1998. The bike is his first design for the company, the 1955 98cc Gran Sport (Marianna) ohc bevel single.

BELOW: A fairing-off view of the 1981–82 600 TT F2 Pantah-based works racer showing dry clutch, exposed cam belts and Verlicchi frame, Marzocchi magnesium front forks and monoshock rear end.

7 The Bevel V-Twin

For some fifteen years between 1954 and the end of 1968, Dr Giuseppe Montano, managing director and general manager, worked in partnership with Ing. Fabio Taglioni, chief engineer and design chief, and on the whole this proved a cordial and successful combination. But in spite of this, Ducati Meccanica still suffered financial problems – and even with Taglioni's design and flair, Montano found the going ever tougher as the 1960s progressed. Indeed, with the notable exception of the Japanese, the majority of motorcycle builders faced real problems during this time. In Great Britain and Germany almost all the long-established firms either merged or closed, or both, and in Italy things were not much better: marques such as Capriolo, MM, Parilla and Rumi all went to the wall, whilst the really big firms such as Gilera and Moto Guzzi were only saved by administration or takeover.

Even though Ducati, like MV Agusta, had other outlets (MV Aviation, Ducati diesel and stationary engines), Dr Montano still found it exceedingly difficult to balance the books as each year passed. In the end he was suddenly summoned during late 1968 to his government-appointed bosses in Rome and 'shown the door'.

NEW MANAGEMENT

Montano's replacement comprised not one, but two men: Arnoldo Milvio and Fredmano Spairani. These two represented a totally different style of management school from the gentlemanly Dr Montano. The newcomers were already running when they arrived at Ducati's Bologna facilities, with a whole host of new ideas, new enthusiasm and almost an open chequebook from the government 'to turn things round'.

THE SUPERBIKE

Milvio and Spairani's big idea was the Superbike. They, like anyone else, had seen the huge success of Honda's recently introduced CB 750 four, so one of their first tasks was to authorise an entirely new engine format for Ducati, the V-twin. Actually, the V-twin was Ing. Taglioni's idea, but the new managers saw the need for a roadster and racer. Interestingly, these were not to share the same engine size, even though they had the same 90-degree L-shape layout.

Work began almost immediately, and by early 1970 the first drawings had been completed and were ready to be turned in metal. As early as mid-July the first prototype engine was up and running on the factory's test bench. Even more amazing was the fact that the first complete bike was ready in August – so the factory's chief testers Franco Farné and Bruno Spaggiari, together with designer Taglioni, could show it off proudly to the press at Modena.

The original prototype 750 Ducati V-twin tested by Bruno Spaggiari and Franco Farné at Modena in August 1970. The 90-degree configuration was referred to by Ing. Taglioni as 'L-shaped'.

That first bike was, in effect, the prototype of what was to emerge the following year as the 750 GT (Gran Turismo) Superbike. This was equipped with a massive four leading shoe drum brake measuring 220mm in diameter. The 200mm assembly at the rear was of single leading shoe operation.

Engine Design

Ing. Fabio Taglioni always referred to it as the 'L-shaped engine'. He had long favoured the twin cylinder configuration, although in the past these had been parallel rather than 'V' format. But of course Taglioni had also built a V-four (the 1,276cc ohv 90-degree Apollo of 1963). And he was quoted as saying 'The L-shape layout conspires to give perfect primary balance'.

With an engine capacity of 749.95cc (80 × 74.4mm), each cylinder of the new 750, like the singles, had its own bevel-driven overhead camshaft. However, for reasons of space, Taglioni chose to use coil instead of hairpin valve springs. And unlike the latest crop of singles, no Desmo version was at that time available.

A pair of pressed-up crankshaft flywheels held the two connecting rods side by side. This allowed Ing. Taglioni to offset the rear cylinder and head, thus placing the exhaust port of the rear assembly to benefit from a cooling airstream. The crankshaft and gearbox were housed in cast aluminium crankcases and, as on the single, these were vertically split; they also served as the oil sump for both. The wet multi-plate clutch operated a five-speed gearbox. Chain, as on other Taglioni designs, provided the drive to the rear wheel. Of course, almost all these features mirrored the long running overhead-cam singles; this had the effect not only of shortening the development process, but also of greatly reducing costs for the project. Yet another advantage was that both the production road-going 750 and the 500 GP shared much of the same design and technology.

1971–72 500 GP V-Twin	
Engine:	Air-cooled, four stroke, sohc, Desmo 90-degree V-twin, two valves per cylinder. Bevel-driven cams. (Some versions with four valves and belt-driven cams)
Bore:	74mm
Stroke:	57.8mm
Displacement:	497.179cc
Compression ratio:	11.2:1
Maximum power (at rear wheel):	61.2bhp at 11,000rpm
Lubrication:	Wet sump, with gear-driven pump
Ignition:	Battery/coil
Fuel system:	Two × 36 or 40mm Dell 'Orto carbs
Primary drive:	Straight-cut gears
Final drive:	Chain
Gearbox:	Six-speed
Frame:	Open cradle, with twin front downtubes; steel construction, engine as stressed member
Front suspension:	Marzocchi 38mm leading axle, telescopic fork
Rear suspension:	Swinging arm, twin shock
Front brake:	One or two 280mm disc/s with two-piston caliper/s
Rear brake:	Single 280mm disc with two-piston caliper
Wheels:	18in front and rear
Tyres:	Front 3.00 × 18; rear 3.00 or 3.25 × 18
Dry weight:	280lb (127kg)
Maximum speed:	139mph (224km/h)

Bruno Spaggiari during the Italian GP on the works 500 V-twin, 21 May 1972.

A key feature of Taglioni's V-twin layout was the use of the 90-degree 'V' of the cylinders. This was adopted because, quite simply, Taglioni considered it the best option. However, this format did have two drawbacks: it created an overlong wheelbase, and the rear cylinder sat almost vertically.

THE FIRST RACING V-TWIN

This particular Ducati V-twin was not, as many would imagine, the 750, but a smaller 500, built as a racer only. In October 1970 it had been decided, at boardroom level, to instruct Ing. Fabio Taglioni to commence work on a machine to take part in the premier blue riband 500cc category, and the first prototype made its public debut at Modena on 21 March 1971.

The 500 GP V-twin was also notable because, right from the start, Taglioni tested it in both two- and four-valves-per-cylinder guise. In fact several variations were subsequently tried using sohc two-valve or dohc four-valve layouts.

Around half-a-dozen complete bikes were built. All used the well tried, single-cylinder 74 × 57.8mm bore and stroke dimensions, giving an engine size of 497.179cc. And only valve spring-heads were used – no Desmos. All the engines relied on virtually identical crankcases although, unlike the 750 production engine, they used six-speeds.

The first engines constructed used the traditional Taglioni feature of vertical shafts and bevel gears up the offside of the cylinder. On the four-valve versions, the paired valves were housed in a pent-roof design. The included valve angle on both types was 60 degrees, the same as on the Pantah and racing 750/900 bevel Vs. Carburation was by way of two Dell 'Orto instruments; later, Taglioni experimented with fuel injection.

Because of a less-than-satisfactory combustion chamber shape, the four-valve engine did not offer a notable increase in power over the two-valve type (this was probably one reason why Taglioni didn't subsequently carry out more work with the four-valve layout, instead leaving his successor Massimo Bordi to exploit this feature). The four-valver revved to 12,000rpm, as against 11,000rpm, at which point 65bhp was initially extracted, as compared to 61.2bhp (both measured at the rear wheel) for the two-valve version. By the time development finally came to an end in spring 1973, the two-valve engine was producing in excess of 70bhp.

As in several other projects, Taglioni used the 500 Grand Prix V-twin as a means of experimenting with various aspects of design, notably in relation to the top end of the engine. During February 1971, works mechanic Giancarlo Librenti brought a set of engine cases over to England for specialist Colin Seeley to design a frame. One offshoot of this was that the Seeley-designed, swinging-arm chain adjustment was standardized for both the 500 GP and the 750 V-twin roadster. Colin Seeley swears to this day that he never received payment for this work, organized through the then British importer Vic Camp.

In July 1971, Gilberto Parlotti scored what was to prove the sole race win for the 500 GP (called the Bicilindrica – for 'twin cylinder' – in Italy). This came during an international (but non-championship) meeting at the Skopja Lockya circuit in Yugoslavia. Other riders who rode the 500 GP V-twin as factory entries were Bruno Spaggiari, Phil Read, Paul Smart and Ermanno Guiliano. Besides the Yugoslav result, other notable successes included second, third and fourth (Read, Parlotti

Mike Hailwood testing a 750 Ducati racing prototype at Silverstone, 17 August 1971.

and Guiliano) at San Remo (October 1971). Spaggiari qualified third on the grid for the 1971 Italian Grand Prix at Monza (behind the MV Agustas of Giacome Agostini and Alberto Pagani), but had a valve drop in whilst holding second behind Pagani in the race. Read and Spaggiari also raced in the 1971 British Grand Prix at Silverstone, though both had to retire.

There is little doubt that weight was a set-back: it was, after all, a scaled-down 750. In 1999, Phil told me, in so many words, that the bike's '. . . biggest draw-back was one of weight and bulk.' Another problem, at least at the beginning, centred around having only a single disc at the front (again, due to considerations of weight). Later, in 1972, a few titanium and magnesium components were introduced, and a second disc added at the front.

The final development came with the adoption of toothed belt drive and twin overhead camshafts. Developed by Taglioni in early 1973, this engine produced 74bhp at 12,500rpm. Unfortunately, it coincided with yet another management upheaval, which saw the demise of Fredmano Spairani, who was its sponsor, so to speak. And with his departure, all further development was abandoned.

A RACING VERSION OF THE 750

At that same board meeting in October 1970 it had also been decided to construct a full racing version of the new 750. Initially, however, the 500 was the priority, as the management thought a Grand Prix effort would yield more publicity than a Formula 750 bike. This explains why the original F750 racer was more like the 500 GP 'V', rather than the later 750 racers that appeared at Imola in 1972. During the summer of 1971 extensive testing took place – Mike Hailwood even tried the bike prior to the big Silverstone meeting in August that year. The multi-world champion was sixth fastest in qualifying; however, he opted to race a Yamaha TR2B 350 two-stroke twin for the race, finishing fourth.

Imola, the Circuit

Mention of Imola is highly significant in any Ducati racing story. Situated some 30km (20 miles) east of Bologna, the town of Imola lies near to the point where the *autostrada* and the River Santerno cross paths, close to the rolling hills of the same name. Proceed eastwards along the *autostrada*, and after another 60km (37 miles) you will reach the Adriatic at the coastal resort of Rimini. Until the early 1970s, both Rimini and Imola, together with places such as Riccione and Cesenatico, were part of the Italian racing calendar; only Imola, however, was to survive, and in the process become a permanent modern circuit for both two and four wheels, with GPs for both disciplines held here.

The Circuito Dino Ferrari (named in honour of Enzo Ferrari's son who died at a young age in the 1950s) was constructed during 1950 in wooded parklands on the outskirts of the town; and the first race that was staged on the 5km (3.1 mile) circuit was on 25 April 1953, before a crowd of over 40,000 spectators. The motorcycle event was repeated the following April, by which time it had become the *Coppa d'Oro Shell* (the Shell Gold Cup). The Shell organization was to retain a close association with the circuit for many years; the Imola 200, run for the first time in April 1972, continued this involvement.

When tracing Imola's role in the history of motorcycle sport, it is often overlooked that motocross also played an important role. For example, Imola was the venue for the very first 500cc Italian Moto Cross Grand Prix, counting towards the European Series (the forerunner of the World Championship), staged near the town in June 1952. Watched by vast crowds, the event was dominated by Belgian riders, including the legendary Aguste Mingels, who took victory on a British Matchless. Throughout the remainder of that decade and well into the next, the town became associated with both on- and off-road two-wheel sport, in which many of the world's top competitors took part.

But as far as two wheels are concerned, the Imola 200 Formula 750 was the event with which the Imola name will forever be remembered, and in particular that inaugural event staged in the spring of 1972, where Ducati stunned the racing world with one of its least expected and most popular successes ever, when Smart and Spaggiari beat some of the decade's best-rated bikes.

Then during the 1980s the Dino Ferrari Circuit was employed by the Formula 1 car circus as the site of the Italian Grand Prix, before San Marino was adopted (the tiny principality being some 80km (50 miles) distant). Famous sections of the track include Tamburello, Villeneuve, Tosa, Acque Minerali and Rivazza, and drivers of the calibre of Piquest, Prost, Mansell and Senna have all known victory here.

On a sadder note, the Imola has seen its share of tragedy, too: it was here, of course, that Ayrton Senna lost his life in a horrific accident during the San Marino Grand Prix in May 1994.

More Development

During the closed season work on the F750 continued, more prototypes being built and tested, the target being Daytona in March 1972. However, having built a team of bikes and made a huge effort to be at Daytona, at the last moment Ducati received a telegram from America stating that '. . . unless you are able to provide proof that a minimum of 200 replicas of the proposed machine exist, then you will not be allowed to race, under the terms of the event'.

Of course Ducati could not meet this guarantee, as up to that time only a small number of production 750 GT models had been built, and there were certainly no replica versions of the factory bikes (which now sported Desmo valve gear) in existence. When I interviewed him in early 1985, Ducati works rider Bruno Spaggiari was still bitter about not having been 'allowed to compete at Daytona'. And he remained convinced that victory at the American circuit 'was within my grasp that year'.

1971 Ducati 500 V-twin. Unlike the 750 series, the 500 model featured a six-speed gearbox. Also, both two and four valves per cylinder were tested.

A fairing-off view shows features of the design, including the frame, dry clutch oil cooler, and discs front and rear.

During a visit to Italy in September 1972, members of the British Ducati Owners Club pose with the belt-driven, four-valves-per-cylinder version of the 500 GP V-twin, owned by Marcello Peruzzi.

A New Venture

So instead of its intended aim to win at Daytona, Ducati were forced into switching these hopes to another venue, and one much nearer home: Imola. At this point in time – and in a strange set of circumstances – Spaggiari was joined by Englishman Paul Smart. In fact the latter would never have ridden the new Ducati if his wife Maggie had not promised he would. But what she had not known at the time was that several others, including her brother Barry Sheene, and also Renzo Pasolini and Jarno Saarinen, had already turned Ducati down.

Nevertheless, as events were to prove, before very long Paul was to be thanking Maggie for forcing him to race the unfashionable V-twin.

A Famous Victory

Sunday 23 April 1972 was one of the truly great moments in Ducati's rise to a world motorcycling power. It was the day when their V-twins, ridden by Paul Smart and Bruno Spaggiari, not only defeated the cream of the racing world, but also, for the first time, showed the true potential of Taglioni's 90-degree V-twin engine.

The Ducati team consisted of four riders, the other two being Ermanno Guiliano and Alan Dunscombe. Ranged against them was a formidable array of talent, including world champions Giacomo Agostini, Phil Read and Dave Simmonds, and the future champion Walter Villa; also works bikes from MV Agusta, BSA, Triumph, Norton, Moto Guzzi and Honda; plus semi-works machines from BMW, Laverda, Kawasaki and Suzuki.

Race day dawned with the weather overcast, but dry. The record crowd of over 70,000 eagerly awaited the start of the first-ever Imola 200-mile (320km) race, for the then world record prize fund of £24,000. Right from the drop of the flag, the race developed into a three-way battle between the Ducatis of Smart and Spaggiari, and Agostini's four-cylinder MV. But then, on lap 42 and after some 130 miles (210km) of racing, the MV challenge came to an end when Agostini was forced into retirement with mechanical troubles. So it came to a final battle between the two Ducati stars. Five laps (some 15 miles/24km) from the end, following an agreement that had been made prior to the race, it was open warfare between the two – up until that point in the race, team riders were to assist their team mates. As Paul Smart was to recall later:

> As soon as Bruno passed the start line when the 5-lap board was shown, he tried everything to get past. Eventually, in a do-or-die effort he ran off the road, with dust flying; he was lucky not to drop it. After this I was home and dry.

And so it was; and although after the race Spaggiari claimed that he had run out of petrol (at least, that was what the Italian press reported), Smart was given victory, with Spaggiari second. This gave Ducati a highly impressive 1-2, in a race no one had expected them to win, because with twenty-one works or semi-works entries, it was the most impressive line-up in the racing world since the heyday of the 1950s GP scene.

After Imola, Paul Smart was presented with his winning bike, which he used at several British events during the summer of 1972; this included winning at Brands Hatch at the international Hutchinson 100 meeting, run in the reverse direction of the Kent circuit.

Scuderia Spaggiari

In 1973 Bruno Spaggiari finished runner-up once again in the Imola 200, this time to the Finnish Yamaha GP star, Jarno

Saarinen, on a 350 Yamaha. There were two other notable Ducati entries: Englishman Mike Grant, and the Swiss Bruno Kneubuhler, though these two came to grief. This time the race was run in two parts: in the first, Grant fried his clutch, and in the second Kneubuhler crashed out.

As for the bikes themselves, they were considerably different, with special short-stroke engines, modified frames and swinging arms, central axle forks (the 1972 bikes had the leading axle types), and many smaller changes. However, the era of four-stroke domination in Formula 750 was at an end, the latest two-strokes (as in GP racing) from Kawasaki, Suzuki and Yamaha having seen to that. The Ducati factory had probably seen this too, as the bikes were entered under the Scuderia Spaggiari banner, and not as official works entries.

The Imola Replica

The 'Imola Replica' refers to the superb 1974 750 SS (Super Sport), and is absolutely nothing whatsoever to do with the much later, mass-produced belt-driven 750 SS of today. As the 1998 book *Motociclismo Tells the Story of Ducati* so correctly states:

> To say that the Super Sport 750 was one of the most beautiful sport bikes ever made is no exaggeration; it may be considered amongst the most significant motorcycle designs of all times.

The winners' rostrum after the 1972 Imola 200: 1st, Paul Smart (drinking champagne); 2nd, Bruno Spaggiari (second left); and 3rd, Walter Villa (far right).

The day that will be a high point in Ducati history for ever: 23 May 1972, when Paul Smart (16) and Bruno Spaggiari (9) scored an amazing and unexpected 1-2 victory against the cream of the world's superbikes in the Imola 200 race.

This, and the valve spring-engined 750 Sport of the same era, were the two models that Ing. Taglioni considered most displayed what he was searching for when he created the bevel-driven, L-shape, 90-degree V-twin. And there is no doubt that the description 'Imola Replica' is the one most used to describe the 750 SS – though unfortunately this is not quite correct. Yes, the main production batch, built in 1974, had engines that were closely linked to the 1972 winning machine, but these did not take in the updates, including the dry clutch and revised bore and stroke dimensions introduced by Taglioni for the 1973 Imola entries. In addition, the 1974 production batch sported central axle front forks (as did the 1973 Imola racers), whereas Paul Smart's 1972 race winner came with the leading axle type.

Like the Mach 1 single of the mid-1960s, the 1974 750 SS defined the outer limits for the street rider, whilst at the same time being a capable track bike. The time (and finance) not spent on the finish – paintwork, chrome and fibreglass quality – or lack of it – was more than offset by the energy put into the engine, chassis and brakes. This was a racer that could also be used on the street – at a push.

Inside the motor the rockers and one-off double-webbed connecting rods were highly polished, and the forged slipper three-ring pistons carefully balanced. The inlet and

Paul Smart's 1972 Imola winner on display at a British show a few months after the historic victory; Ducati gave him the machine in appreciation of his victory.

Imola 1973. The Ducati team bikes for Spaggiari, Grant and Knaubuhler; Ing. Taglioni is second on the left. Spaggiari repeated his runner-up position of the previous year. Smart did not ride for the Bologna factory, choosing instead to pilot a Suzuki.

Charlie Sanby, with a 750 SS entered by Bryants of Biggleswade, pushing his bike to the scrutineering area at the 1974 Isle of Man TT.

Round-case 748cc (80 × 74.4mm) 750 SS engine, dating from 1974. It was generally agreed to have been one of the factory's best-ever bikes.

A 1975 900 SS – one of the first batch imported into the UK – taking part in a race meeting at Waterbeach Airfield near Cambridge that year.

A pair of SS Desmos fight it out at Cadwell Park in 1977 during a round of the national Avon Production series; 900 (114) and 750 (36).

Dave Cartwright with his 1976 900 SS entered by Mick Walker Motorcycles at the British Grand Prix meeting; Silverstone, August 1978.

The 750 Super Sport (1974)

Engine:	Air-cooled, four-stroke, sohc, Desmo, 90-degree V-twin, two valves per cylinder, bevel-driven cams
Bore:	80mm
Stroke:	74.4mm
Displacement:	747.95cc
Compression ratio:	9.65:1
Maximum power (at crank):	65bhp at 8,800rpm
Lubrication:	Wet sump, with gear-driven pump
Ignition:	Battery/two coils
Fuel system:	Two × Dell 'Orto PHM 40mm carburetors
Primary drive:	Gears
Final drive:	Chain
Gearbox:	Five-speed
Frame:	Open cradle, with twin front downtubes; steel construction; engine as stressed member
Front suspension:	Marzocchi 38mm central axle, telescopic front forks
Rear suspension:	Swinging arm, twin shock
Front brake:	Two × 280mm discs with two-piston Brembo calipers
Rear brake:	Single 280mm disc with two-piston Brembo caliper
Wheels:	18in front and rear
Tyres:	3.25 × 18 front and rear
General Specifications:	
Length:	2,220mm (87in)
Width:	675mm (26.5in)
Height:	N/A
Seat height:	770mm (30in)
Ground clearance:	180mm (7in)
Fuel tank capacity:	20l (4.4gal)
Dry weight:	180kg (397lb)
Maximum speed:	130mph (209km/h)

exhaust ports were smoothly blended to take full advantage of the giant Dell 'Orto PHM pumper carbs that sucked in great gulps of air through equally large, unfiltered plastic bellmouths. The magnificent engine was matched by a chassis that held the road arguably better than any other large displacement bike of its time; and triple disc brakes, an industry first (for a production model), that provided it with a best-in-class for braking performance.

Of course in typical Ducati fashion, the ancillaries were sub-standard, with only a poor finish to the components already mentioned; also rust-prone brake discs, a flimsy kickstarter (lever) and, like most other sporting Ducatis, a very loud exhaust (great for racing, but not so great on the street). Viewed purely as a racer or Sunday-only toy, it was a great bike, but as a practical, everyday machine (for which it was never intended!) it was probably truly awful.

But as the author can testify, a well set-up 750 SS was a race winner – the Mick Walker Motorcycles team of Mick James and Johnny Hascott winning the first-ever 500km (300 mile) race to be staged over the demanding Cadwell Park circuit in 1974.

Specials

A 900 bevel v-twin with a difference – the Gleeve Engineering special with *belt* driven cams, monoshock rear suspension, special frame and 2-into-l exhaust. Pictured at Three Sisters circuit near Wigan, Lancashire, 1989. Just about the only remaining Ducati-made component is the enquies crankcase.

Over the years the bevel v-trim Ducati had attracted countless special buildings, all in search of something different. These can often be larger faster engines, one-off chassis or a combination of both.

Reno Leoni (right) talks to Ducati specialist Syd Tunstall (left) about the very special 950cc NCR-engined racer on which Leoni had entered Freddie Spencer for the Daytona Superbike 100-mile race in March 1979.

The Gleeve Engineering Special with belt-driven camshaft.

THE '900'

With the arrival of the two strokes, Ducati decided to move upwards and build a '900'. Actually this was an 863.9cc (85 × 74.4mm). The first prototype made its debut in the 1973 Barcelona endurance race, and won (*see* Chapter 6). The first production model was the angular 860 GT tourer, with the far more sporting 900 SS arriving in time for the 1975 model year. The latter was, like the limited edition 'Imola Replica' 750 SS, a machine for either fast road work or production-class racing events.

Technical Details

Both the 750 and 900 SS models came with 40mm Dell 'Orto pumper carbs, and the five-speed gearbox and wet clutch were retained. The camshafts (of the standard bike) on the 900 were new. Electronic ignition replaced the points and condensers of the 750. A definite improvement was the inclusion of a replaceable cartridge oil-filter element, fitted where the distributor, points and condenser on the round-case 750 SS were formerly located (it should be noted that from 1975 a

900 SS

Engine:	Air-cooled, four-stroke, sohc, Desmo, 90-degree V-twin, two valves per cylinder. Shaft and bevel-driven cams
Bore:	86mm
Stroke:	74.4mm
Displacement:	863.90cc
Compression ratio:	9.5:1
Maximum power (at crank):	70bhp at 7,900rpm
Lubrication:	Wet sump, with gear-driven pump
Ignition:	Electronic
Fuel system:	Two × Dell 'Orto PHM 40mm carburettors
Primary drive:	Gears
Final drive:	Chain
Gearbox:	Five-speed
Frame:	Open cradle, with twin front downtubes; steel construction; engine as stressed member
Front suspension:	Marzocchi 38mm central axle, telescopic front forks
Rear suspension:	Swinging arm, twin shock
Front brake:	Two × 280mm discs with two-piston Brembo
Rear brake:	Single 280mm disc with two-piston Brembo
Wheels:	18in front and rear
Tyres:	Front 3.50 × 18, rear 120/90 × 18
General Specifications:	
Length:	2,200mm (87in)
Width:	675mm (26.5in)
Height:	N/A
Seat height:	770mm (30in)
Ground clearance:	180mm (7in)
Fuel tank capacity:	19l (4.1gal)
Dry weight:	188kg (414.5lb)
Maximum speed:	126mph (203km/h)

square-case 750 SS was built on the lines of the 900 SS). The previous fibreglass fuel tank was listed as an optional extra, together with an updated 900 SS racing kit on the lines of the earlier 750 kit.

From 1976 the original racer-concept edge of the SS models was not quite there, though the factory kept trying to sell the model with smaller 32mm carbs and the restrictive Silentium mufflers. However, most owners simply threw these away and opted for the larger 40mm carbs and the lovely throaty sound of the Conti (loud) mufflers.

The 900 SS had a considerable amount of success in production racing. However, its real forte was in either endurance (*see* Chapter 6) or TTF1 (NCR-built machines); in the latter, Mike Hailwood's famous 1978 TT comeback scored a major win (*see* Chapter 8). Reno Leoni and his rider Jimmy Adamo also had considerable success across the Atlantic, racing the overbored version at venues such as Daytona.

8 Mike Hailwood

Mike Hailwood – nick-named Mike-the-Bike by his countless fans world-wide – was probably the greatest motorcycle racer who ever lived. There are plenty of other famous names – men such as Stanley Woods, Jimmy Guthrie, Geoff Duke, John Surtees, Giacomo Agostini, Barry Sheene, Kenny Roberts, Freddie Spencer, Wayne Rainey, Mick Doohan and Carl Fogarty – but none has become such a legendary figure as Stanley Michael Bailey Hailwood. Furthermore the names of Ducati and Mike Hailwood have a particularly strong connection. Mike won his first Grand Prix on a 125cc Desmo single in the 1959 Ulster GP. He also won the coveted Mellano Trophy on a 250cc Desmo twin at Silverstone in 1960; the 125cc British championships on the 125cc Desmo single in 1959 and 1960; and then almost two decades later he returned to the Bologna marque to record a sensational comeback TT victory on an NCR 900 V-twin.

Stan Hailwood, self-made millionaire motorcycle dealer and Stock Market player. His financial muscle guided Mike to the top, although it was Mike's own unique riding talent that kept him there.

CHILDHOOD EXPERIENCES

Mike was born on 2 April 1940, the son of a self-made millionaire motorcycle dealer. Father Stan had competed in sprints and hillclimbs until 1925, and then in the late 1920s in grass-tracking as a sidecar driver; then an accident ended his two-wheel career, and he took up car racing. Nevertheless, Stan Hailwood's real forte was in the world of commerce. He had worked in partnership with Howard King to build up the largest grouping of motorcycle dealerships ever seen in Britain, with branches in every major city and its headquarters in Oxford. Hailwood Senior was also a successful player of the London

Stock Market, and it is probably this latter field that contributed most to his personal prosperity.

All this ensured that Stan was able to enjoy a regal lifestyle: for example, the family home was the palatial High Moor Hall, Nettlebed, on the Oxfordshire/Berkshire border between Wallingford and Henley-on-Thames in the beautiful Chiltern Hills. But Stan's enormous wealth did not guarantee Mike an easy, undisciplined upbringing as a child -- far from it, in fact. Thus at the tender age of four he was packed off to kindergarten, two years later to a boarding school (which he was later to recall that he truly hated), followed by strict and upper-class Pangbourne Nautical College. In other words, Mike's upbringing was firmly entrenched within the confines of the English Public School system.

EARLY EXPERIENCES WITH MOTORCYCLES

Mike's first experience with motorcycles came at the age of seven, when he rode a specially constructed 98cc Royal Enfield-powered mini-bike, pottering around the lawn and, later, a chalk pit on his father's estate.

Just after his seventeenth birthday, Mike was entered by his father in his first-ever race at Oulton Park on 22 April 1957. He rode a 125cc MV Agusta, loaned by Bill Webster, to 11th place – although unknown to Mike, the machine had been purposely overgeared and overjetted to restrict its performance.

This relatively insignificant debut was followed by an ever-increasing performance on a mixture of bikes, including a 200 MV, a 350 Norton and a 250 NSU. In many ways it was really father Stan who stage-managed his early career. To appreciate just what an effect Stan Hailwood had on his son's first steps on the race circuit, the reader has to appreciate that Hailwood Senior was someone who was used to *always* getting his own way. And this meant buying success. John Surtees describes it thus:

> I remember feeling rather sorry for Mike, because if ever anybody set out to manufacture a world champion, Stan set out to make Mike one, and fed him relentlessly into a star-making machine fuelled by his money and his overwhelming personality.

Mike, therefore, *had* to succeed – and this is actually a more difficult task to achieve than one might think. Many lads would have either not had the natural ability, or simply cracked under the pressure of expectation. It is one thing to do it entirely off your own bat, but stop and think what it would be like *having* to race and win, with a domineering millionaire father breathing down your neck!

The Golden Boy

The press soon began to run stories with headlines such as 'The Golden Boy', 'The Fastest Teenager on Earth', 'The Lad born with a Silver Clutch Lever in his Hand' and many others. Be this as it may, in my opinion it is the very nature of this father-son relationship that drove Mike to make the grade, as the only place where he was allowed to be himself was when he out on the race circuit. And perhaps the motivaion to win developed more and more strongly without him even realizing it.

Certainly in the early days the Hailwood equipe created as many enemies as it did friends. Many rivals saw this as blatant 'money speaks' success – and this was another cross for Mike to bear.

South Africa

A winter away in South Africa with fellow racer Dave Chadwick during 1957/58 was without doubt a turning point. As Mike was later to recall: 'South Africa did me a world of good'. It also allowed him to be away from Stan.

After returning home, his first meeting came in March 1958 at Brands Hatch, where he promptly won the 200cc race on an MV, and finished runner-up in the 250cc event on the NSU. By this time *Ecurie Sportive*, as the Hailwood equipe was now called, boasted a whole stable of raceware, including MVs for the 125 and 200cc classes, NSUs for the 250cc and Manx Nortons for the larger categories. To maintain the huge array of machinery, which also included spare bikes and engines, Stan acquired the services of top tuner Bill Lacey, himself a former racer in the pre-war Brooklands era.

Many years later Lacey was to reveal that his time with *Ecurie Sportive* was not always entirely harmonious, the problem being his relationship with Stan Hailwood. In fact Lacey admitted that: 'If it hadn't been for Mike, I would have quit much earlier.'

Mike's TT debut

Mike's Isle of Man TT debut came in June 1958, and resulted in his finishing all four races he contested: 7th in the 125cc (Paton), 12th on the 350cc and 13th on the 500cc (both Nortons), and a truly superb ride on the 250cc (NSU) to finish 3rd – and all this by a rider who had only just celebrated his eighteenth birthday.

DUCATI ENTER THE ARENA

The performance of Ducati's 125 Desmo – 2nd, 3rd and 4th positions – in the Ultra Lightweight TT had impressed Stan enough for him to purchase an ex-Fron Purslow valve-spring dohc Grand Prix model. Mike's first outing on the new bike

All smiles here, but the relationship between Bill Lacey (left, with glasses) and Stan Hailwood (right) was not always this cordial. In fact later, Lacey was to reveal that 'I only stayed on for Mike's sake'.

was at the Dutch TT – also his European debut – where he finished 10th, and this was to signal the beginning of the Hailwood/Ducati involvement. This meant that Mike was signed to race the 125cc Desmo for the 1959 season, during which he scored his first Grand Prix victory in the 125cc Ulster. It also meant that Stan Hailwood's company – King's – became the official British Ducati importers.

King's Involvement

By now the motorcycle dealerships controlled by Stan Hailwood, mainly operating under the King's label, had risen to more than twenty outlets, many in cities such as Norwich, Bristol, Birmingham and Manchester. This commercial muscle had enabled Hailwood Senior to take full advantage of the situation when the former British Ducati agents, London-based SD Sullum, had quit in September 1958. Their replacement, Ducati Concessionaires Ltd, was in fact an offshoot of the King's Manchester dealership, headed by sales director Alan Mullee.

Many informed observers saw this as not simply a commercial move, but a bargaining chip to obtain works bikes – and they were to be proved absolutely right when a pair of pukka factory Desmo 125 singles arrived in early 1959, together with the services of mechanic Oscar Folesani.

A youthful Mike Hailwood pictured at Aberdare Park, Wales on 15 August 1959, just before taking his 125 Desmo single to victory and setting a new class lap record.

Mike at the Northamptonshire Silverstone circuit during his winning ride in the BMCRC 125cc international championship race, April 1959. His mount is a works 125 Desmo single.

BRITISH CHAMPION

Throughout the spring, summer and autumn of 1959, the British motorcycle press carried stories with headlines such as 'A Hailwood Benefit' or 'So Easy for Mike'. Just about everywhere he went he set new race and lap records at circuits all over the British Isles, including Brands Hatch, Oulton Park, Silverstone, Snetterton, Thruxton, Castle Coombe and Aberdare Park.

Perhaps even more impressive was that Mike also became the first and only man to win four British championship titles in a single season – a feat he repeated the following year. Besides the 125, the classes were for the 250, 350 and 500cc.

The World Stage

But more important from a career point of view was Mike's performance at world level, in the Grand Prix series. He started his quest for points in the Isle of Man TT, where he brought the trusty Desmo single home 3rd, averaging 72.15mph (116.09km/h). He followed this up with another 3rd in West Germany during his first race at the Hockenheim circuit. Yet another 3rd came in Holland at the Dutch TT, then 4th in Sweden (following a retirement in Belgium), crossing the Irish Sea to score his first win in Ulster (where he won from his future MV team-mate Gary Hocking on an MZ two-stroke). And in his first full Grand Prix season Mike finished 3rd in the championship table. An impressive result.

THE 250 ARRIVES

The machine that *Motor Cycle News* referred to as 'that 250' finally arrived in England during March 1960, just in time for the start of the new season. This was the brand-new 249.7cc (55.25 × 52mm) dohc Desmo parallel twin, which, together with a larger 348cc (64 × 54mm) version, had been largely funded by Stan Hailwood. This was because Ducati themselves had, for the first time, struck financial trouble. The larger model, together with a 220 dohc

After winning the Mellano Trophy (at Silverstone) with the new 250 Desmo twin, April 1960. Left to right: Stan Hailwood, Mike, and factory mechanic Oscar Folesani.

Mike with his 125 Desmo single during the 1960 Ultra Lightweight TT. He had crashed a third of the way around lap 1, a broken screen being evidence of his tumble; he is seen here touring around to retire at the pits.

single (*see* Chapter 3) had originally been conceived thanks to the Australian rider Ken Kavanagh. Immediately upon its arrival in England, Mike Hailwood tested the 250 Desmo twin at Silverstone, where he was reported as saying 'It has really got something and is capable of at least 130mph [210km/h]'.

Power was a class-leading 37bhp at the rear wheel, or 43.3bhp at the crankshaft – both at 11,600rpm, with maximum torque at 11,200rpm. Transmission was via a six-speed gearbox, a unit that was built in to the engine. A full description of the Desmo twins (125,250 and 350 versions) can be found in Chapter 4.

Unfortunately, due to a number of factors, the various Desmo parallel twins never quite hit the right button. Even so, Mike reclaimed the Mellano Trophy at Silverstone in April 1960 with the 250 model. And it was again the 125 Desmo single with which he retained his British Championship in 1960.

The best result he gained on the new twin was a 4th in the 1960 Belgian GP at Spa Franchorchamps.

Mike was a double winner aboard his Desmo Ducatis at the British Road Race Championship meeting at Oulton Park in the summer of 1960. He is seen here aboard the 125 single...

...and with the 250 twin. He also set the fastest laps for both classes over the full 2.769 mile (4.455km) international circuit at the Cheshire venue. The following season, 1961, he switched to Honda machinery in the lightweight classes.

Mike raced his successful 125 single for the last time at the *Senora de Pilar* road races near Barcelona, Spain, on 16 October 1960. And it was a hard-fought victory, too, on the mile-long Zaragoza circuit, beating works entries from Bultaco and Montesa. And with this final victory in Spain the curtain came down on the first 'chapter' of Mike's Ducati racing career.

ALLEGIANCE TO OTHER MAKES

From 1961 onwards Mike Hailwood rode a series of works bikes for the likes of MV Agusta, Honda, MZ, EMC and Benelli, being a multi-world champion on both the former makes. He also rode a number of privately entered machines, notably Norton, AJS and Matchless.

Success on Four Wheels

When Honda quit Grand Prix racing at the end of 1967, Hailwood quit too, but then turned his full attention to cars. Although Mike had flirted with four wheels in the early 1960s, it was not until after he left Honda that he began to take them seriously.

His biggest achievement on four wheels was winning the 1972 European Formula 2 title (beating, among others, Nikki Lauda and Carlos Retemann); but during the 1974 German GP at Nüburgring he sustained severe leg injuries, which prevented him from racing cars again.

Back to Bikes

Throughout his four-wheel racing career Mike had not lost his love of bikes. And even though he had officially quit, this did not stop a whole clutch of offers to race various motorcycles.

In fact he did turn out occasionally, on Benelli, Yamaha and BSA machinery, including riding one of the latter's 750 triples at Daytona in 1970. After qualifying at almost 153mph (246km/h – second fastest), Mike proceeded to astound

750 Imola (1972)	
Engine:	Air-cooled, four-stroke, sohc, Desmo, 90-degree V-twin, two valves per cylinder. Bevel-driven cams
Bore:	80mm
Stroke:	74.4mm
Displacement:	747.95cc
Compression ratio:	10:1
Maximum power (at crank):	72bhp at 9,500rpm
Lubrication:	Wet sump, with gear-driven pump
Ignition:	Battery/coil
Fuel system:	Two × Dell 'Orto 40mm
Primary drive:	Gears
Final drive:	Chain
Gearbox:	Five-speeds
Frame:	Open cradle, with twin front downtubes; steel construction, engine as stress member
Front suspension:	Marzocchi 38mm leading axle telescopic fork
Rear suspension:	Swinging arm, twin shock
Front brake:	Two × 280mm discs with two-piston calipers
Rear brake:	Single 280mm disc with two-piston caliper
Wheels:	18in front and rear
Tyres:	3.25 × 18 front and rear
General Specifications:	
Length:	2,250mm (88.6in)
Width:	675mm (26.5in)
Height:	N/A
Seat height:	675mm (26.5in)
Ground clearance:	180mm (7in)
Fuel tank capacity:	N/A
Dry weight:	175kg (386lb)
Maximum speed:	141mph (227km/h)

everyone by leading the race for the first ten laps, until problems with the ignition system forced him out.

TESTING FOR DUCATI

Then in 1971 a story appeared in the British motorcycle press, that he might race a Ducati again. In fact Ducati had telephoned their British agent Vic Camp asking him to offer 'bikes' to Hailwood *and* to arrange a meeting with managing director Fredmano Spairani (*see* Chapter 7). But when questioned at the time by myself, Vic Camp was not sure 'whether the factory wanted Mike to ride their new 500GP V-twin, or a new Formula 750 based on the 750GT roadster'.

In fact just prior to the British GP at Silverstone, Mike tested one of the 500 V-twins; but in the event only Phil Read and Bruno Spaggiari raced these machines – Mike rode a Yamaha 350 instead. He had also tried the new 750, but was not happy with the handling, so declined the ride.

Then except for a none-too-serious ride on a 250 Yamaha at Silverstone the following year, he disappeared from the bike world again.

A RETURN IN AUSTRALIA

Years later, in January 1977, Mike accepted an offer to take part in an historic race event at Amaroo Park, Sydney, Australia, where he rode a 499cc Manx Norton, finishing runner-up behind Aussie Jim Scaysbrook.

But the really big news came that summer with the announcement that together with Scaysbrook, Mike would be racing a Ducati 750 SS in the prestigious Castrol Six Hours production race on Sunday 23 October. This was acknowledged as a true test of bike and riders, due to strict rules prohibiting competitors from modifying their machines beyond showroom specification, except for the fitting of racing tyres. And even though their bike was one of the smallest displacement machines in the race, the pairing of Scaysbrook and Hailwood completed 350 laps of the 1.21 mile (1.95km) Amaroo Park circuit to finish 6th overall. Mike said he had 'enjoyed' his ride very much.

It was, in retrospect, the 1977 Australian Castrol Six Hours race that set the wheels in motion on what was to prove probably the greatest comeback ride in motorcycle racing history. Because in January 1978, upon his return to Great Britain, Mike Hailwood made a surprise guest appearance in front of ecstatic fans at the annual *Motor Cycle News* 'Night of the Stars' to reveal his intention of returning to the Isle of Man TT that coming June, to race works Yamahas *and* a Ducati NCR 900 V-twin.

THE 1978 TT

The Ducati ride had come about thanks to a chance meeting with Manchester dealer Steve Wynne at the British GP at Silverstone in the summer of 1977. Wynne was there with rider Roger Nicholls with their Ducati V-twin. Mike had remarked that it 'looked like his kind of bike', to which Steve had replied that if he fancied a ride he only had to ask . . . So the scene was set, and a call to Steve Wynne from Mike's close friend Ted Macaulay led to Sports Motorcycles entering Mike in the 1978 Formula 1 TT.

Many so-called experts considered Mike, at thirty-eight, to be too old and out of practice to '. . . stand a hope in hell', as one journalist wrote. But how wrong these doubters were to be proved. Throughout practice week, Mike and the Ducati delivered amazing performances, ending with a fastest lap of 111.04mph (178.66km/h) – unbelievable, but true. This was remarkable for a man who by normal standards was past his prime, and who had last raced on the circuit more than a decade ago. In retrospect, probably several different factors contributed to his success: the sheer will to win, course knowledge, determination, fitness and, in the Ducati, the most suitable bike for the task at hand.

Record crowds jammed the 37.75-mile (60.74km) circuit for Hailwood's return – and for many, this was the sole reason for their *own* return to the Isle of Man. Held on Saturday 3 June, sun-drenched fans were arriving up to *seven* hours before the race began in order to claim the best vantage points – and their patience was to be rewarded with an epic race. The following Wednesday *Motor Cycle News* proclaimed:

> Mike Hailwood lands a fairy-tale comeback victory! With tears of emotion streaming down his cheeks, Mike Hailwood climbed the winner's rostrum for the 13th time in his legendary TT career after six record-smashing laps with a 900 Ducati in Saturday's Formula 1 World Championship race.

The 900 NCR (1978)	
Engine:	Air-cooled, four-stroke, sohc, Desmo, 90-degree V-twin, two valves per cylinder. Bevel-driven cams
Bore:	86mm
Stroke:	74.4mm
Displacement:	863.9cc
Compression ratio:	11:1
Maximum power (at rear wheel):	90bhp
Lubrication:	Wet sump, with gear-driven pump
Ignition:	Electronic
Fuel system:	Two × Malossi-modified Dell 'Orto 41mm
Primary drive:	Straight-cut gears
Final drive:	Chain
Gearbox:	Five-speed
Frame:	Open cradle, Daspa-manufactured, with twin front downtubes; steel construction, engine as stressed member
Front suspension:	Marzocchi 38mm central axle telescopic fork
Rear suspension:	Swinging arm, twin shock
Front brake:	Two × 280mm discs with two-piston calipers
Rear brake:	Single 280mm disc with two-piston caliper
Wheels:	18in front and rear
Tyres:	Front 3.50 × 18; rear 4.25 × 18
Wheelbase:	1,500mm (59in)
Dry weight:	190kg (419lb)
Fuel tank capacity:	N/A
Top speed:	149mph (240km/h)

Fairing-off view of a 1978 NCR 900 of the type ridden by Mike to his famous TT victory. Note the oil cooler, hydraulic steering damper and dry clutch.

NCR 900 V-twin engine, showing 750-type outer covers, Dell 'Orto carbs, battery and fairing brackets.

One of the 1978 900 NCR machines on the workbench. NCR stood for Nepoti, Caracchi and Rizzi – although from the moment Rizzi left the partnership, the 'R' stood for racing.

A sister machine to the NCR 900 that Mike used in his legendary comeback victory in the 1978 Isle of Man TT.

It was after witnessing the speed of Roger Nicholls' Ducati, entered by Sports Motorcycles, that Mike Hailwood made a return to European racing in 1978.

Mike Hailwood on his way to winning the 1978 Formula 1 TT – and also winning the world F1 title for Ducati and himself.

Mike in the town of Ramsey during the 1978 Formula 1 TT.

It was possibly the biggest gamble of his life, but he had done it – moreover in devastating fashion that captured the imagination of fans all around the world, having simply blitzed his rivals with a race record of 108.51mph (174.59km/h) and a lap record of 110.62mph (177.99km/h).

Perhaps most amazing of all was the fact that he caught up and passed pre-race favourite Phil Read with such a wide margin that the latter blew up his factory four-cylinder Honda in a vain attempt to stay with Mike. Not only this, but his race average was only fractionally slower than his old lap record of 108.77mph (175.01km/h) on the full Grand Prix Honda 500 with which Mike had won the Senior TT back in 1967.

On the winners' rostrum after the 1978 F1 TT. Mike is seen here (right) with Honda's John Williams, who finished runner-up. Phil Read on a works four-cylinder Honda had suffered mechanical problems trying to fight off the Ducati challenge.

FINAL SUCCESSES

Following the TT victory came another never-to-be-forgotten performance at the annual Post TT meeting at Mallory Park, Leicestershire, a week later. Following a poor start, Mike and the 900NCR V-twin (still entered by Sports Motorcycles) overcame not only Phil Read and his works Honda (the engine having been rebuilt), but also the challenge of British TT F1 champion-elect John Cowie, to prove that the result was not simply a fluke, or a one-off.

Mike also went on to win the 1979 Isle of Man Senior TT on a Suzuki two-stroke;

A happy Mike Hailwood with the Sports Motorcycles-entered NCR V-twin.

Mike Hailwood (4) on the start line at the Post TT meeting at Mallory Park, June 1978. The machine alongside him (Number 48) was ridden by John Cowie.

however, he did not enjoy the same success on another Ducati the factory provided that year – though even so, he finished 4th in the TT.

The 1979 bike had a larger displacement – 949cc (90 × 74.4mm) against the 1978 model's 864cc (86 × 74.4mm). However, Mike did not consider it to be as good as the original. The Ducati factory also built a production model of the existing 900 SS, with special bodywork (including a full fairing) and the red, white and green paint job of the 1978 TT winning machine. This proved a great sales success and remained in production until the mid-1980s.

MIKE RETIRES

As for Mike himself, following a crash during practice at Donington Park after the 1979 TT, he decided to hang up his leathers again, this time for good. But tragically his retirement was to prove all too short: on Saturday 21 March 1981, Mike and his daughter Michelle were involved in a fatal accident whilst out in the family's Rover car, when it was in collision with a heavy lorry.

The Mike Hailwood Day

As a mark of respect for this great man, *The Mike Hailwood Day* was staged at Donington Park on 11 July 1982; many thousands turned out to show their appreciation, with many of the sport's most famous names present, together with the bikes they had raced. But as his wife Pauline revealed in the 'Foreword' to a commemorative booklet for this event, the triumphant comeback at the 1978 TT was a very special moment in what, by any standards, was a truly fantastic roll of honour over more than twenty years' racing on both two and four wheels. And this means that Mike Hailwood and Ducati will forever remain linked together in the minds of all motorcycle racing enthusiasts.

An NCR 900 on display in the Ducati Museum in Bologna, November 1999. A fitting tribute to probably the greatest rider of all time, Mike Hailwood.

9 The F1 and F2

Ducati had already reaped considerable track success from their road-based bevel-drive V-twins at Imola (Smart), Barcelona (Grau) and the Isle of Man TT (Hailwood), but this adaptability of production-based machinery was again to pay off in yet another arena: that of 'Formula' racing, in both the FIM Formula F2 and F1 championships, and the new Battle of the Twins competition.

THE NEW PANTAH SERIES

After Hailwood's retirement in 1979, many people seriously believed that the days of racing and winning with a Ducati V-twin were over – but how wrong these pundits proved to be. This was thanks to Ing. Fabio Taglioni's new belt-driven sohc 'V' engine, the Pantah series, that went on sale during 1979.

To 'test the water', Taglioni built a racing version of the original 499cc (74 × 58mm) Pantah SL model for use in the Italian Junior racing category, and for similar events in other European countries, notably the *Coupé Pantah* category in France. However, it was left to a German engineer, Alfred Baujohr, to point the way things would shape in the

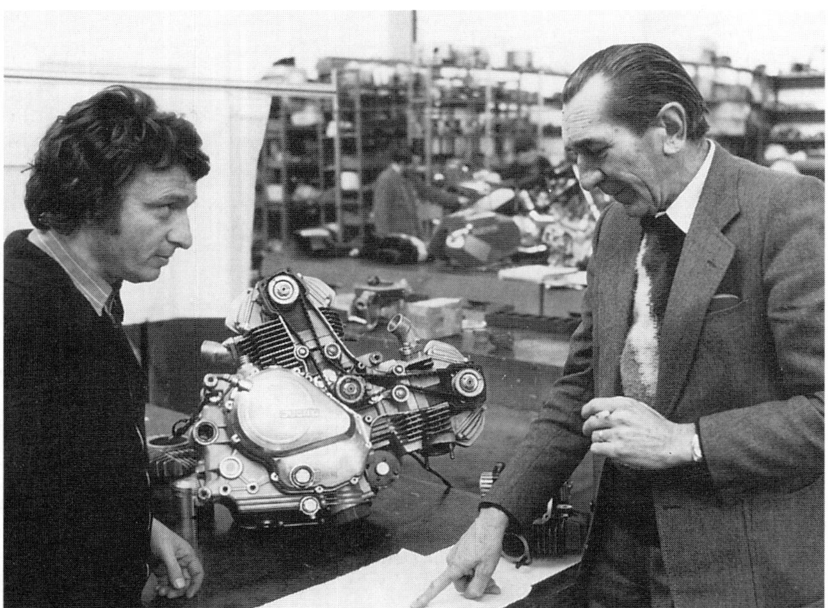

Ing. Fabio Taglioni and Franco Farné, the men behind the success of Ducati's Pantah series on both road and track; 1979.

The Pantah was first raced in the 1980 Italian Junior championship class, which it won. At that time it was a 500.

future. Baujohr had earlier been responsible for a big-bore version of the old 900 SS bevel engine that had found a ready market with a number of wealthy German Ducati enthusiasts, and he decided to try the same formula with the early released Pantah. To this end he increased the bore size from 74 to 81mm, and to prove its potential, entered it as the prototype for the Formula 2 race in the 1980 Isle of Man TT.

The machine performed even better than he expected, proving to be the sixth fastest in practice, in a field which at that time consisted mainly of Yamaha two-stroke twins and four-cylinder Japanese bikes (350cc two-strokes, and 600cc four-strokes were allowed). Unfortunately the race did not go very well, but even so, the team returned to Germany with the basis of a competitive bike, that had set up a best lap (during practice) of 94.19mph (151.55km/h).

DUCATI TAKES UP THE BATON

Baujohr had got there first, but Ducati were soon to take up the baton and begin formulating production plans themselves to increase their standard SL Pantah to a 600. But rather surprisingly they did not opt to follow the German's route, choosing instead to use the smaller bore size of 80mm, giving a displacement of 583cc. And as far as this decision was concerned, fortune was still smiling on the Bologna factory, because by the end of 1980 the FIM had changed the F2 regulations, effectively barring the Yamaha TZ350 full-blown racers, which up until then had been allowed to take part, almost killing off the class in the process. From then on, competitors were obliged to race-kit the standard production 350LC model instead. But the key that would unlock the door to a string of Formula 2 world titles was a meeting between two of the Ducati management team and a director of the British Sports Motorcycles dealership; this took place in September 1980 at the biennial German international Cologne Motorcycle Show. The Ducati personnel were export sales director Franco Valentini, and the long-serving commercial director Dr Cosimo Calcagnile; the Sports representative was Pat Slinn (formerly with BSA and Ducati importers Coburn and Hughes). After a lengthy and productive meeting, Slinn returned to Manchester with the news that Dr Calcagnile had agreed that Ducati would provide limited official assistance, provided that Sports could find a rider capable of winning the 1981 Formula 2 TT.

Tony Rutter joins the team

The rider selected by Pat Slinn and his co-director at Sports Motorcycles, Steve Wynne, was the Midlands veteran Tony Rutter, who had considerable experience not only in the Isle of Man, but also on a wide range of machinery over the previous decade and a half. The Bologna factory might have queried whether Rutter was a 'big' enough name – at least after Hailwood – but these fears, if ever there were any, soon faded, as it turned out that Tony Rutter's style of riding was perfectly suited to his new mount.

Initially, the only commitment between Ducati and Sports was for a Pantah-based bike to be entered and raced in the 1981 Formula 2 TT. This was because Ducati had other commitments in Italy, and therefore were thought to be able to provide only an engine assembly, together with a pair of special pistons, racing camshafts and a track exhaust system.

Pat Slinn goes to Italy

In February 1981, Pat Slinn travelled to Italy and spent a couple of days learning all he could about the factory's own racing Pantahs. After returning home he commenced work on the engine, which by now

Tony Rutter's original TT F2 bike was built by Sports Motorcycles, using a hack engine supplied by the factory and a standard production chassis; pictured here in the Manchester company's workshop prior to the 1981 TT.

had arrived in Manchester – this turned out to be a test-bed unit that had already completed some twenty-two hours on the factory's test bench. Sports had some twelve weeks in which to build an F2 Pantah, capable of an Isle of Man victory.

Over eighty-seven hours were spent working on the engine unit, during which time a standard Ducati production SL Pantah frame and swinging arm had been given to Ron Williams of Maxton Engineering. His brief was simple: to modify this as he saw fit, and supply a pair of racing front forks, rear suspension units and wheels. The forks selected were modified racing Marzocchis, together with Dymag wheels and Koni shocks.

Testing at Oulton and Aintree

After a lot of hard work the bike was completed and tested exhaustively at Oulton Park and Aintree before being despatched to the Isle of Man. Results could not have been better, and although suffering a minor gearbox glitch during the practice period, Tony Rutter still lapped the practice mile Mountain circuit at 101.26mph (162.93km/h).

All was now set for the race proper, where the combination of Rutter's riding skill and the Ducati's power and reliability, established new class race and lap records of 101.91mph (163.97km/h) and 103.5mph (166.53km/h) respectively. At the end of the 149.2 mile (240.06km/h) race, Rutter was some 1½ minutes ahead of the next man home!

Ducati were, to quote Pat Slinn, 'over the moon', and promised to provide Tony Rutter with a works TT F2 for the Ulster GP in August 1981, some two months after the TT. In fact when the Sports equipe arrived in Ulster they found not one, but two factory bikes, together with Franco Valentini and race engineer Franco Farné. However, just to prove how fickle racing can be, Rutter did not win. Because of truly appalling conditions, with mist and rain reducing visibility, he thought the pit board, flashed to him as he sped past, said 'plus 14 seconds', when it actually said 'minus 14 seconds'; so instead of increasing his pace, he decreased it, which ultimately

From the 1981 Ulster GP onwards, Tony Rutter was supplied with a purpose-built TT F2 racer similar to the one shown here.

Showing the difference in compression between the standard Pantah piston (left) and the 600 TT F2 (right).

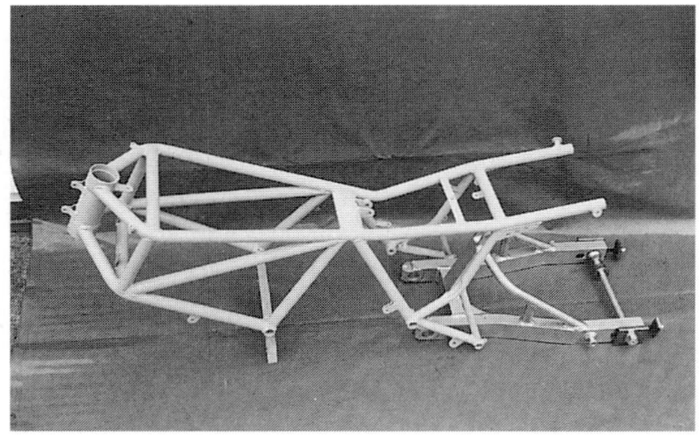

Verlicchi-made frame as used on the works TT F2 machines – and sold to private customers.

cost him victory. However, the runner-up spot still gave him and Ducati their first F2 world title.

The red and yellow beauty that Tony Rutter had ridden at Dundrod was in fact one of five virtually identical TT2 machines originally created by Ing. Taglioni for the 1981 Italian class championships. These were purpose-built racers, not converted street bikes, and were a work of art in themselves. For example, the Verlicchi-built frame weighed in at a mere 7kg (10lb),and was equipped with a monoshock rear end and a set of special Marzocchi front forks with lightweight magnesium sliders. Completing the chassis specification were Compagnolo wheels, fully floating brake discs (at the front), Gold Line callipers and special bodywork. In addition, the engine aped Baujohr's larger 597cc (81 x 58mm) displacement.

TECHNICAL DETAILS

As well as the increase in engine size, the works F2 machines sported the option of 36 or 40mm carbs (41.5mm were later also used), higher compression (10.5:1) semi-slipper forged pistons, fiercer cams and larger valves (35mm exhaust, 40.5mm inlet). Another one-off part was the magnesium outer cover for the hydraulically operated dry clutch (wet on the production engines). There were also a lot of smaller changes, both to boost performance and to save weight, whilst the ignition system was improved by the fitment of a Bosch electronic type. Maximum power output was 78bhp at 10,500rpm, giving a top speed of 138mph (222km/h).

Italian Results

Besides the works 600, Taglioni and his team also designed a smaller 500. This appeared for the first time at Mugello in October 1981, with factory rider Massimo Broccoli finishing 7th against riders of the calibre of Marco Lucchinelli and Franco Uncini (500cc world champions in 1981 and 1982 respectively). And except for the smaller engine dimensions, the 499cc model was identical to Rutter's world championship-winning 597cc model.

The following year, 1982, Ducati supported both the Italian and the world series from the very beginning. In Italy this was rewarded by Walter Cussigh again carrying off the title won in 1981 by Massimo Broccoli.

600 TT F2 (1981)	
Engine:	Air-cooled, four-stroke sohc, Desmo, 90° V-twin, two valves per cylinder, belt-driven cams
Bore:	81mm
Stroke:	58mm
Displacement:	597cc
Compression ratio:	11:1
Maximum power (at crank):	78bhp at 10,500rpm
Lubrication:	Wet sump, gear-type pump
Ignition:	Electronic
Fuel system:	Malossi modified Dell 'Ortos of either 36, 40 or 41.5mm
Primary drive:	Straight-cut gears
Final drive:	Chain
Gearbox:	Six-speed
Frame:	Open spave type, in chrome moly tubing; manufactured by Verlicchi
Front suspension:	Marzocchi , magnesium slider telescopic forks
Rear suspension:	Cantilever, single shock
Front brake:	Two × 280mm discs with two-piston calipers
Rear brake:	Single 280mm disc with two-piston caliper
Wheels:	Campagnolo five-spoke magnesium
Tyres:	18in front and rear
Wheelbase:	N/A
Fuel tank capacity:	N/A
Dry weight:	N/A
Top speed:	138mph (222km/h)

THE 1982 WORLD CHAMPIONSHIPS

In the world series, Tony Rutter was again contracted, but this time he rode factory bikes in the three rounds making up that year's series – the Portuguese GP now joining the Isle of Man TT and Ulster GP events. This new venue was at Vila Real in northern Portugal, and although various criticisms were levelled at the organizers, it was generally agreed by the teams to have been an enjoyable meeting.

Ducati's confidence paid off handsomely, because Rutter in fact succeeded in winning all three rounds to qualify for his second F2 world title. The first victory came in early June on the Isle of Man, where he easily exceeded his own lap record with a speed of 109.27mph (175.81km/h) – which was some going, for a production-based four-stroke twin!

Rutter then went on to take the title in both 1983 and again in 1984, making it a record four world F2 crowns, a feat never to be equalled. But although he again won the TT in 1985, his career took a knock when he crashed a Suzuki GSX-R750 at Montjuich Park, Barcelona a few weeks later; indeed, this effectively ended his time as a world-class rider.

THE 750 F1 MAKES ITS BOW

Meanwhile, Ducati had not been resting on their racing laurels, for they were only too aware that the 600 Pantah's life was limited, because it was big bikes rather than middleweights that by now were

Tony Rutter pictured at Daytona in 1983, taking part in the BOTT (Battle of the Twins) race, on his factory TT F2 machine.

Pat Slinn played a vital role in Tony Rutter's four world TT F2 championship titles. He continued to prepare the machines, even when the relationship with Sports Motorcycles ended.

grabbing the headlines in four-stroke racing. So it was decided to enlarge the engine still further, from 597cc to 748cc (it should be noted that Ducati also built 348 and 649cc versions of the Pantah engine in their production series).

Basically, the first 750 F1 was not the more familiar production model that shared the same designation, but a prototype engine that made its debut in the 1982 Imola 200 race, ridden by the American Jimmy Adamo to 13th position.

The new engine size had been achieved by increasing both the bore and the stroke, giving an oversquare 88 × 61.5mm respectively. The TT F1, like the TT F2,

Tony Rutter during the 1985 Isle of Man TT F2 race; leading on the sixth and final lap at Ginger Hell. He went on to win the race.

Ducati built a small number of NCR TT F1 750 racers in 1983 and 1984. These were based on the TT F2 600, but with improved specifications and more power.

Three-spoke magnesium wheels (this is the rear assembly), manufactured by Marvic.

NCR dry clutch, external oiling and oil sight glass.

Marvic three-spoke front wheel with floating discs and two-piston Goldline Brembo calipers. Magnesium pre-MIR Marzocchi racing front forks.

Malossi-modified Dell 'Orto carb. Note the rear shock position.

used Malossi-modified 40 or 42mm carbs, whilst the front forks were Marzocchi racing assemblies, with 35 or 40mm fork tube diameters. A small batch of machines was built in 1983 and 1984, with riders including Walter Villa, Tony Rutter, Marco Lucchinelli and Virginio Ferrari.

F1 Limited Editions

During the spring of 1985, two important events happened at Ducati: the Cagiva takeover; and the launch of the 750 F1 street bike. The latter was the first to make use of the F2/F1 racing successes, and used a detuned version of the 748cc TT F1 racer's Pantah-type engine. But the standard F1 was no performance bike, so for those wanting more speed, Ducati produced what became known as 'F1 Limited Editions' for either fast roadwork or racing. Depending upon the dates they were offered, these were called Montjuich, Laguna Seca and Santa Monica, and were hand-built race replicas – they were also some 25 per cent more expensive than stock F1.

Clearly based more closely on the works TT F1 racers, they sported 40mm carbs

Rear seat, hugger, rear wheel, megaphone and racing rear shock absorber.

Rider's eye view of the 1983–84 NCR TT F1 showing screen, Veglia tachometer (red-lined at 10,000rpm) Marzocchi top yoke, and quick-action fuel filter cap.

TT F1 (1984)

Engine:	Air-cooled, four-stroke sohc, Desmo, 90° V-twin, two valves per cylinder. Belt-driven cams
Bore:	88mm
Stroke:	61.5mm
Displacement:	748 cc
Compression ratio:	10:1
Maximum power	(at crank): 94.8bhp at 10,250rpm
Lubrication:	Wet sump, with gear-driven pump
Ignition:	Electronic
Fuel system:	Two × Dell 'Orto 40 or 42mm carburettors
Primary drive:	Straight-cut gears
Final drive:	Chain
Gearbox:	Five-speed
Frame:	Tubular space frame, chrome moly
Front suspension:	Marzocchi telescopic forks with magnesium sliders
Rear suspension:	N/A
Front brake:	Two × 300mm discs
Rear brake:	Single 230mm disc
Wheels:	Marvic in 16, 17 or 18in
*Note:	16, 17, and 18in all tried
Tyres:	Front 120/60, rear 160/70
Wheelbase:	1,400mm (55in)
Dry weight:	175kg (386lb)
Fuel tank capacity:	22 litres (4.8 gals)
Top speed:	155mph (249km/h)

In the 1984 TT F2 Malcolm Wheeler had the number 1 plate – as Tony Rutter didn't like it! Left to right: Martin Underwood, Malcolm Wheeler, Cleeve Brightman and Hoss Elm of Moto Cinelli.

The Dymoke TTF2 Replica

Robert Dymoke, like his father Brian (who built the well-known Dymoke bevel v-twin raced by Dave Railton in the early 1980s) has produced one of the best TTF2 replicas ever; completing the bike in 2001. He spent the previous few years locating parts from a wide range of outlets from all over Europe.

With all the trick parts the 2001 Dymoke TTF2 Replica looks like it is a pukka factory bike.

The builder, Robert Dymoke, with his pride and joy; it's a real credit to him.

Harris-built chassis in 531 tubing; two-into-one exhaust and 600SL Pantah motor with tuning goodies.

Nearside view of engine, with exposed cam belts.

The Dymoke TTF2 Replica *continued*

NCR dry clutch conversion was one of the most difficult bits to find.

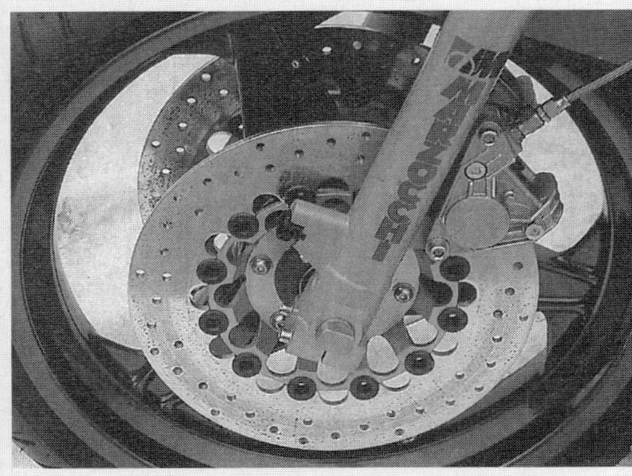

Marzocchi magnesium fork sliders and semi-floating discs, with Brembo Gold Line calipers.

Rear disc, aluminium caliper holder and Brembo Gold Line assembly.

Malossi-modified Dell 'Orto PHF carburettor with polished bellmouth and clear float bowl.

Rear brake master cylinder, lever, rod and footrest.

750 F1 Battle of the Twins racer ridden by Marco Lucchinelli to victory at Daytona in 1986.

Misano, 19 April 1987; the final throw of the two-valve F1 racer. This bike was ridden by factory entry Raymond Roche in the 200 Miles event.

Malcolm Wheeler setting off in the Open 750 race at the 1984 TT...

... and jumping Ballaugh Bridge on his Moto Cinelli-entered TT F2 Pantah racer.

(some Montjuichs retained 36mm instruments), 10:1 compression ratio (against the stock bikes' 9.3:1), larger valves, and a less restrictive exhaust. They produced real power between 7,500 and 10,000rpm, which was put out through normal 750 F1 gearbox internals, but with straight-cut (like the works bikes) instead of helical primary-drive gears.

Quite often these special F1s came with slick racing tyres, an indication at least of what the factory considered their true vocation to be. In practice, however, most found their way onto the street rather than the race circuit.

As a general guide, the Montjuich was built in 1985, the Laguna Seca in 1986, and the Santamonica in 1987.

Stateside

For the American market, all F1s were effectively outlawed as street bikes, so instead they were supplied shorn of their

750 F1 Montjuich (1985)

Engine:	Air-cooled, four-stroke sohc, Desmo, 90° V-twin, two valves per cylinder. Belt-driven cams
Bore:	88mm
Stroke:	61.5mm
Displacement:	748cc
Compression ratio:	9.3:1
Maximum power (at crank):	80bhp at 10,200rpm
Lubrication:	Wet sump, with gear-driven pump
Ignition:	Electronic
Fuel system:	Two × Dell 'Orto PHM 40mm carburettors
Primary drive:	Straight-cut gears
Final drive:	Chain
Gearbox:	Five-speed
Frame:	Tubular space frame, chrome moly
Front suspension:	Forcello Italia telescopic forks
Rear suspension:	Swinging arm, single shock
Front brake:	Two × 280mm discs with four-piston calipers
Rear brake:	Single 260mm disc with two-piston caliper
Wheels:	16in front and rear
Tyres:	Front 120/60, rear 180/60 × 16
Wheelbase:	1,400mm (55in)
Dry weight:	160kg (352lb)
Fuel tank capacity:	N/A
Top speed:	136mph (219km/h)

750 F1 Leguna Seca (1986)

Engine:	Air-cooled, four-stroke sohc, Desmo, 90° V-twin, two valves per cylinder. Belt-driven cams
Bore:	88mm
Stroke:	61.5mm
Displacement:	748cc
Compression ratio:	10:1
Maximum power (at crank):	80bhp at 10,200rpm
Lubrication:	Wet sump, with gear-driven pump
Ignition:	Electronic
Fuel system:	Two × Dell 'Orto PHM 40mm carburettors
Primary drive:	Straight-cut gears
Final drive:	Chain
Gearbox:	Five-speed
Frame:	Tubular space frame, chrome moly
Front suspension:	Forcello Italia telescopic forks
Rear suspension:	Swinging arm, single shock
Front brake:	Two × 280mm discs with four-piston calipers
Rear brake:	Single 260mm disc with two-piston calipers
Wheels:	16in front and rear

730 F1 Leguna Seca (1986) *continued*	
Tyres:	Front 120/60 × 16, Rear 180/60 × 16
Wheelbase:	1,400mm (55in)
Dry weight:	165kg (363.8lb)
Fuel tank capacity:	N/A
Top speed:	136mph (219km/h)

750 F1 Santa Monica (1987)	
Engine:	Air-cooled, four-stroke sohc, Desmo, 90° V-twin, two valves per cylinder. Belt-driven cams
Bore:	88mm
Stroke:	61.5mm
Displacement:	748cc
Compression ratio:	10:1
Maximum power (at crank):	80bhp at 10,200rpm
Lubrication:	Wet sump, with gear-driven pump
Ignition:	Electronic
Fuel system:	Two × Dell 'Orto PHM 40mm carburettors
Primary drive:	Straight-cut gears
Final drive:	Chain
Gearbox:	Five-speed
Frame:	Tubular space frame, chrome moly
Front suspension:	Forcello Italia telescopic forks
Rear suspension:	Swinging arm, single shock
Front brake:	Two × 280mm discs with four-piston calipers
Rear brake:	Single 260mm disc with two-piston calipers
Wheels:	16in front and rear
Tyres:	Front 120/60 × 16, rear 180/60 × 16
Wheelbase:	1,400mm (55in)
Dry weight:	165kg (363.8lb)
Fuel tank capacity:	N/A
Top speed:	136mph (218.8km/h)

road equipment, including lights and mufflers – so the F1 and its Limited Editions were soon sold out. As in Europe, many Ducati enthusiasts saw them as the last of a breed. As *Cycle World* commented, 'They may be bargains. This Ducati is a throwback in spirit to the 750 SS of 1973, the F1's most famous predecessor. Like the 750 SS, the F1 is the Italian sports bike of its era.'

And these really were the last of the breed, because from 1988 the new liquid-cooled, four-valves-per-cylinder, dohc, fuel-injected line came on stream, both as Ducati's premier sporting roadster and, more importantly as far as this particular book is concerned, on the race circuit, too.

10 The 851

The 851 has a very special place in Ducati's racing history, as it was the motorcycle that set the company on its way to a decade of World Super Bike dominance. The first 851 – then known simply as the 4V ('Four Valve') – started out as a running prototype in the 1986 French *Bol d'Or* endurance race. Sporting a 748cc engine size (as on the F1 Pantah series), the big difference was its liquid-cooling, dohc fuel injection, and its four valves per cylinder. It retired after some eighteen hours, but not before proving its potential.

Marco Lucchinelli – the 1981 500cc world champion on a Suzuki — holds a unique place in Ducati racing history by being the first to ride the ultimate development of the two-valve F1 Pantah (*see* Chapter 9): with it he won the 1986 Battle of the Twins race at Daytona, and in the following spring of 1987 he also won with the new four-valve model at the same venue. The Lucchinelli 1987 Daytona bike was still a 750; however, later still he was to give the new 851 its race debut.

An 851 Kit on display at the Milan Show, November 1987. This, and its slower brother, the Strada, were generally acclaimed as the stars of the exhibition.

DEVELOPMENT OF THE 4V

The new four-valves-per-cylinder engine was developed by engineers Massimo Bordi and Luigi Mengoli, with the full backing of Ducati's new owners Cagiva (who had taken over in May 1985). Long-serving race-shop staffman Franco Farné also played an important role in the conception of this exciting newcomer. As far as actual production was concerned, this took a step closer at the Milan Show in November 1987. Before this came a series of prototypes, the first of which — and this included the 750cc racers — were basically water-cooled, four-valves-per-cylinder top ends mated to modified Pantah crankcases. Development included a considerable amount of bench testing, road testing and track racing (including the 1986 and 1987 Daytona excursions already described).

The project gained new purpose-built crankcases by the 1987 Daytona Battle of the Twins victory, and it also had a number of engine displacements before Bordi and his team finally settled for 851cc (92 × 64mm).

Massimo Bordi

As Ing. Fabio Taglioni had been the father of the famous two-valve bevel and belt V-twins, his successor, Ing. Massimo Bordi, was the man behind the four-valves-per-cylinder family. Thus Taglioni had perfected the Desmodromic positive valve system for both race track and production bikes, but it was to be Bordi who gave it three new features: four valves, liquid cooling, and an integrated electronic fuel and ignition system.

Born in Bavagna, Perugia, on 9 May 1948, Massimo Bordi had shown an aptitude for mechanical engineering from an early age. And, following in Taglioni's footsteps, he had earned a degree in mechanical engineering with, of all things, a thesis outlining the advantages of the Desmodromic valve system for four-stroke engines. After gaining his university degree in 1974, Bordi joined Ducati in January 1978, following work as a teacher and as a quality controller.

Taglioni's successor at Ducati, Massimo Bordi was responsible for creating the new four-valve-per-cylinder, dohc, liquid-cooled, fuel-injected engine series that began with the 851.

As subsequent events were to show, the now fully qualified engineer was the perfect choice to replace the ageing Taglioni. Unlike many who would simply have wished to stamp their own authority on a particular design and perhaps follow a totally new path, instead Bordi kept many of the established Ducati design traditions, studying how he could best modernize these principles. So the basic L-shaped V-twin, with its Desmodromically-operated valves at near perfect 90° balance, remained. But Massimo Bordi acknowledged there were four vital areas that could take the configuration forwards: double overhead camshafts, liquid cooling, four instead of two valves per cylinder, and an integrated electronic fuel and ignition system. To this end an early contact was made with Keith Duckworth of Cosworth Engineering, whom Bordi readily acknowledged as someone who provided much useful information.

The early 1980s, just when Bordi was building his contacts and technology base, was a time of financial crisis at Ducati, and it was only when Cagiva took over in the spring of 1985 that his plans could be put in force. In fact, one of new owner Claudio Castiglioni's first moves upon gaining control of Ducati was to authorise work to begin on the project that would revitalize the company: the 851 Superbike. Bordi was not a stylist, so the actual look of the bike was not his work, but that of men such as Massimo Tamburini and Pierre Terblanche. However, his importance in the rebirth of Ducati and the subsequent WSB success cannot be understated.

He finally quit Ducati at the end of the year 2000 to concentrate on a new career in the automobile industry.

Stefan Caracchi getting off the new 851 four-valve-per-cylinder machine at Misano circuit; 19 April 1987.

THE FUEL INJECTION SYSTEM

Massimo Bordi selected the existing Weber-Marelli integrated electronic fuel injection system for a number of reasons, the main one being that its component parts were already tried and tested – and it worked. In this he was to be proved right, by virtue of the fact that it put Ducati right at the front of the game.

The Weber-Marelli was an 'open loop' electronic fuel injection that had been pioneered by the Ferrari Formula 1 car team. This featured a limited number of sensors monitoring air temperature and density, coolant temperature, engine revolutions, throttle position and ignition combustion (or detonation). There was no box-like flow meter as found in the German Bosch system used by BMW in its three- or four-cylinder series motorcycles, nor a lambda probe (to enhance fuel injection), commonly employed in sophisticated (and often expensive) automobile systems.

Furthermore the Weber-Marelli fuel injection was a much less restrictive set-up than the Bosch, and thus much more suitable for racing use. Ducati were to use either one or two injectors per cylinder (usually two on its racers).

The Computer Memory

In the Weber-Marelli computer memory, a number of 'maps' are encoded and, on the

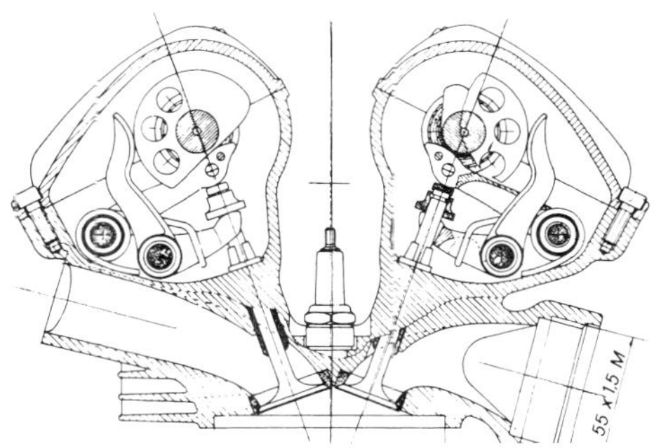

The origins of the Bordi dohc V-twin engine came from his graduate thesis about an air-cooled Desmo cylinder head. In this layout, the camshafts are directly above the valves acting on finger followers; the closing arms are dog-legged.

basis of the engine's operating conditions, combined with data coming from the sensors; the computer then plots the optimum ignition advance curve, as well as the timing of the injectors. The basis of this system is what is called the Alpha angle – the degree of opening of the throttle butterfly, varying from 90 degrees with the throttle closed, to 0 degrees flat out. Fuel is supplied at a pressure of 43.5psi (3 bar) by an electric pump, and then squirted directly into the inlet tracks by a pair of injectors for each cylinder, in a phased mode.

Another reason why Bordi chose the system was that Weber were located in Bologna, as of course were Ducati. Also Weber's chief designer, Aureliano Lionello, worked closely with Bordi and his engineering staff in the development of the dohc, four-valve, liquid-cooled Desmo V-twin engine by performing his own dyno testing. Lionello also employed a flow meter and exhaust gas analyser to tune the injection system and ignition advance to deliver optimum performance at no fewer than sixteen different rev bands. A special computer was used to plot the resulting mass of information into graphs referring to possible operating conditions. He then mapped the Weber system microchip under actual operation to conform to the lessons learned from this data.

The Bordi-designed 851 series engine assembly, cut away to show the various working components.

Prototype 851 engine running in the spring of 1987. Note the cam belts, frame tubing and hydraulically operated dry clutch.

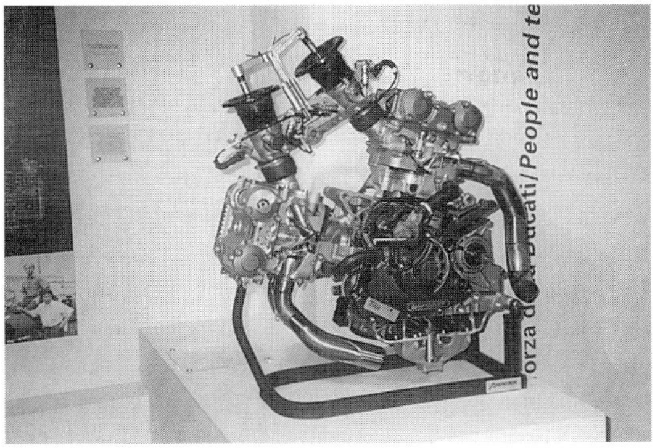

The liquid-cooled, dohc, fuel-injected engine that began with the 851 series.

The injector assemblies for the 851 series.

The Microprocessor

The system's microprocessor (brain) also corrects for the water (or oil) and air temperature, atmospheric pressure, fuel pressure, changes in battery voltage, and choke function. Injection timing and duration are also varied, subject to the microchip's map. The programming can be varied to improve engine breathing, fuel consumption and exhaust emissions.

It is important to appreciate that any alterations to the engine's specification (a difference in camshaft, for example) will require a reprogrammed chip; so obviously this means that a works racer is more difficult to set up than a standard production model.

The Further Benefits of Fuel Injection

One of the most noticeable features of the Weber-Marelli system on the 851 (and also later Vs, such as the 888, 916 and 996) is the huge inlet tracks which feed the cylinder head via dead-straight venturis to the paired inlet valves. Even on the first series production 851 (1988), this was 50mm. The reader must appreciate that, in the past, the largest choke size that Ducati could get away with, even on the factory's own racing models with conventional carburettors, was some 42mm; only then is it possible to realize the true benefits of fuel injection.

This is because with conventional carburettors there is simply not enough energy to pull the fuel up from the float bowl quickly enough. In stark contrast, fuel injection, because it uses external pressure to push fuel into the engine, suffers no such glitches.

There is little doubt that an efficient fuel injection system (coupled with an advanced electronic ignition) has played a major role in the four-valve engine's success on both the race circuit and the public highway.

THE TRICOLORE

The first production models of the new four-valves-per-cylinder-engined bike, the Strada (street) and kit (racing) bikes, were unofficially labelled the *tricolore* (three-colour) due to their smart red, green and white paintwork.

Mechanically there were considerable differences between the two models. The factory claimed 100.5bhp at 9,250rpm (crankshaft reading) for the Strada (of

Close-up of the 851 injectors.

which 300 were built), whereas the Kit put out a much more impressive 119bhp at 10,000rpm (again at the crank), with a maximum rpm limit of 9,500rpm and 10,500rpm respectively.

The Kit

The Kit version was effectively a homologation special, the 200 built being the minimum number that would qualify the type for registration for WSB (World Super Bike) racing.

To achieve the higher power output, the Kit came with more radical camshaft profiles, higher compression (10.6:1) pistons, nimonic steel valves, a dry clutch (the Strada had a wet assembly), a different Eprom computer chip and an open race exhaust system. The Kit also featured closer ratio gears from third to top on the six-speed box. Unlike the Strada, the racing version did not run out of 'puff' at 9,500rpm, instead it continued to rev strongly to the 10,500rpm red line, where the limiter kicked in. It also had a new sub-frame, and a lighter flywheel and generator, the Strada's electric starter was abandoned, and there was an overall saving of 5kg – 150kg (330lb) against the Strada's 155kg (340lb).

Shared Components

Both versions of the 1988 851 series came with the same basic format with regard to the engine castings, with belt-driven double overhead camshafts (if not the cam profile themselves); aluminium alloy cylinder barrels with a special silicon carbide inner coating; forged three-ring slipper pistons (but of different compression ratios); a one-piece forged steel crankshaft; and double-webbed high-strength Pankl connecting rods. Manufactured in Austria, these latter components were machined from solid billet with split plain white-metal bearing big-ends.

The crankcase closely followed those of the earlier two-valves-per-cylinder Pantah engine series that had pioneered the placement of the swinging-arm pivot pin running through the crankcases to reduce the machine's wheelbase. In fact the crankcases were to prove the Achilles' heel of the four-valve engine, with breakages being a regular feature in the early days under racing conditions – and continuing to occur even as late as the mid-1990s.

The Chassis

Chassis-wise, except for the wheel sizes, the 1988 851 Strada and its racing Kit brother were virtually identical. Certainly

The 851 Tricolore Kit (1988)

Engine:	Liquid-cooled, four-stroke sohc, Desmo, 90° V-twin, four valves per cylinder. Belt-driven cams
Bore:	92mm
Stroke:	64mm
Displacement:	851cc
Compression ratio:	11:1
Maximum power (at crank):	196bhp at 10,500rpm
Lubrication:	Wet sump, with gear-driven pump, oil cooler
Ignition:	Electronic IAW type
Fuel system:	Weber-Marelli electronic fuel injection
Primary drive:	Straight-cut gears
Final drive:	Chain
Gearbox:	Six-speed
Frame:	Tubular space type, chrome moly
Front suspension:	Marzocchi MIR telescopic forks
Rear suspension:	Swinging arm, single vertical shock
Front brake:	2 × 280mm floating discs, four-piston calipers
Rear brake:	Single 260mm solid disc, two-piston caliper
Wheels:	17in Marvic three-spoke front and rear
Tyres:	Front 130/60 VR17, rear 160/60 VR17
Wheelbase:	56.2in (1,430mm)
Dry weight:	364lb (165kg)
Top Speed:	160mph (257km/h)

this applied to the suspension – a pair of 41.7mm diameter stanchion Marzocchi MIR, 100mm stroke telescopic front forks. At the rear there was the luxury (compared to earlier Ducati Vs!) of a vertically mounted, rising rate monoshock. The shock absorber supplied as original equipment was a Marzocchi Supermono with 50mm of travel. And apart from the usual pre-load and rebound adjustment, there was an extremely useful snail-cam for adjusting the monoshock linkage ratios. All this meant that the 851 had a level of rider comfort undreamed of on bikes such as the 750/900SS bevel V-twin and 750 F1 series. The Kit version had a specially braced swinging arm which, like the Strada, was of extruded aluminium. The fuel tank – 22 litres (4.8gal) on the Strada and 21 litres (4.6gal) on the Kit – was also manufactured in aluminium.

Wheels and Brakes

Even though Ducati's race department knew by now the drawbacks of the 16in wheels, the company still saw fit to burden the Strada version with these, both front and rear. This was a major drawback, as was the use of bimetal semi-floating 280mm discs with four-piston Brembo P4 32B calipers at the front, in place of 320mm fully floating assemblies, as on the factory bike ridden by Marco Lucchinelli. At the rear was a 260mm single solid disc, with a twin-piston P2 To8N caliper.

The Kit was given 17in Marvic three-spoke wheels so that it could use the latest generation of slick racing tyres; but even so, handling was not as good as later models. The problem was that considerable effort was needed through the twisty bits to get the tyres to work properly.

The two 851 Kit models that took part in the Cock of the North race meeting at Oliver's Mount, Scarborough, over 1 and 2 July 1988.

Cost

Taking inflation into account, the £12,995 price for the Kit in 1988 was high. However, this does not take into account the relatively small production run, and the outlay on initial tooling and development costs. Also the Kit came with a very comprehensive assortment of spare parts and special tools. However, in practice some bikes were sold with the spares and toolkit either for a lower purchase price or, sadly, in some cases by unscrupulous dealers looking to make an extra buck or two.

The 1988 851 Kit, high performance super bike. Compared to the Strada, it came with 17in wheels, slick tyres, open exhaust and hotter engine spec.

Performance

The street-legal Strada could only achieve an electronically timed best one-way speed of 133.9mph (215.4km/h) – this according to *Bike* magazine, September 1988. But although the stock bike was not as fast as expected, the Kit made up for this by achieving an impressive 159.7mph (256.9km/h). Of course, not only did it have additional tuning aids, it was also lighter and had a totally unrestricted exhaust 'racing-only' system, whereas the Strada was saddled with a pair of extremely muted mufflers (exhaust silencers).

SUMMARY

There is no doubt that 1988 was a vital year in Ducati's history. Not only did it see the first production models of the new four-valves-per-cylinder engine arrive in the showrooms in the shape of the Strada and Kit, it was also the start of the World Super Bike Championship. And right from the very first round of WSB at Donington Park, England (I was there to witness the historic event), the 851 V-twin had its rivals seriously worried – contenders such as Honda's RC30, Yamaha's FZ750, Suzuki's GSX-R750 and Bimota's YB4. And despite the fact that during this first year Ducati had virtually no budget, Marco Lucchinelli still finished 5th in the series, with victories at Donington Park and Zeltweg.

Into the Future

At the end of that year Lucchinelli quit riding and became Ducati's race team manager, with a two-man squad consisting of Raymond Roche and Baldassare Monti. In 1989 Roche came second to Honda's Fred Merkel, and then in 1990 Ducati, again with Roche aboard, took their first title – and this was only the start ...

11 The Supermono

Besides its series of winning WSB (World Super Bike) liquid-cooled, dohc, Desmo V-twins, Ducati has also been responsible for building the most advanced single-cylinder racing motorcycle ever conceived. Making its debut during the German Cologne Show in September 1992, it was a design *tour de force,* with 75bhp, 11,000rpm, weighing 120kg (265lb) and with a speed of 146mph (235km/h) – and this was improved still further in a revised version available from late 1994.

Previous Ducati singles had been air-cooled two-valvers with bevel-driven cams; the last ones had left the Bologna works in the mid-1970s. During the intervening years Ing. Fabio Taglioni had retired, and his place as chief engine designer been taken by Ing. Massimo Bordi; Ducati had also changed from a state-run organization to a leaner, fitter private company.

The new owners were the Castiglioni brothers Claudio and Gianfranco, and they had at last given Bordi the capital he required to proceed with the badly needed modern-day designs. This resulted in the arrival of the new eight-valve, fuel-injected, water-cooled 90-degree V-twin Superbike – and it was Bordi's work that enabled Ducati to rise again, and to establish a virtual stranglehold on WSB racing as the 1990s dawned.

Of all the men who could have succeeded the near god-like Taglioni, Massimo Bordi was the most fitting – not only had he worked under Doctor 'T' for several years, he had also earned his university degree in mechanical engineering largely through a thesis outlining the advantages of the desmodromic valve operation for four-stroke engines.

The first prototype of the *nuovo* V-twin, the 851, made its public bow in no less an event than the 1986 French *Bol d'Or* classic, where it showed enough promise to convince everyone attending that Ducati was on the way back. Development continued, until at last the production versions – in Strada and kit form – went on sale in 1988. Thereafter came a succession of models, including both street bikes and pukka racers.

THE MONO ARRIVES

Many would argue that Bordi's most ingenious creation was not a V-twin at all (which still owed much to Taglioni's earlier efforts), but the racing-only Supermono. The original prototype of the mono was nicknamed *doppia bielletto* (double conrod), and was first bench-tested during the winter of 1990. The plan was to construct a racer, to be followed by a roadster later; but in practice this never happened, due to a combination of what would have been an ultra-high purchase price, and changes in factory policy as the 1990s unfolded.

This first engine unit had a displacement of 487cc (95.6 × 68mm), tests giving

62.2bhp at 9,500rpm. Next came an increase in capacity, to 502cc (95.6 × 70mm), with power rising to 70bhp; though this was before its creator Bordi and his small development team of engineers settled on 549cc (100 × 70mm) as the definitive layout. With the power now up to 75bhp (measured at the gearbox shaft), a pre-production model was first shown to the public at the Cologne Show in October 1992.

Production got underway with an initial batch of bikes in the spring of 1993. One of Ducati's first customers was Englishman Geoff Baines, and he was far from happy with his particular purchase:

> Not only did the Supermono cost £18,000, but it was over two months late, it had a 4,000rpm flat spot exactly where you didn't want it, oil and water leaks everywhere, and a gearbox selector panel incorrectly positioned so it broke on the warm-up lap of the World Super Bike meeting at Donington Park in 1993. It also tended to 'bog down' on the start line. Nevertheless it had a good top speed, superb brakes, and it handled beautifully.

Another Englishman who rode one of this original batch of machines was journalist/racer Alan Cathcart. Alan had a much better experience with his Supermono, doing consistently well in the European championships and even across the Atlantic, at Daytona Raceway in Florida.

SUPERMONO TECHNOLOGY

The Power Unit

Whilst obviously based on much of the technology of Bordi's eight-valve V-twin series, the Supermono power unit did have notable differences. The engine featured a much longer stroke and bigger bore (than the existing V-twins), and it also explored the upper limits of piston speed, helped by Bordi's innovative articulated counter-balancer system. In layman's terms, the Supermono's crankshaft incorporated an abbreviated primary connecting rod mounted on the same crankpin as the piston assembly, which operated a bob-weight pivoting in an arc within a semi-

Geoff Baines' Supermono.

Cutaway of Supermono showing the unique doppia bielletto *(double con-rod) and other details.*

circular housing atop the vertically split crankcases.

Massimo Bordi explained the layout during 1993 in the following way:

> My *doppia bielletto* is a very satisfactory solution from both the engineering and the commercial point of view . . . For a start, nobody else uses it, and Ducati's success has always derived from doing things differently. It also makes the engine look extremely attractive, as well as compact. It reduces manufacturing costs by a substantial – margin, because we can machine the crankcase for the Supermono on the same machine we used for the V-twin (888) crankcases. Compared to conventional balance shafts, it is more compact – and it does not need any gears or chains to drive it, with attendant power loss. All the pivot points are pressure-lubricated; and it gives perfect primary balance, as well as eliminating secondary inertia, since it acts directly on the crankshaft. That is why you feel no more vibration than on a twin at 11,000rpm.

Like the 851/888/916/996/748 family, the Supermono has belt-driven double overhead camshafts, with Desmo valve gear and four valves per cylinder. As for valve sizes, the single utilized the then current 888's 31mm exhaust size, although at 37mm, the inlets were an extra 1mm larger, thus making full use of the larger cylinder bore. Although the compression at 11.8:1 might have appeared on the lofty side, the Bordi single was quite capable of running on conventional unleaded pump fuel.

The Weber/Marelli fuel injection again followed much of the route already taken with the V-twin models, the computer 'brain' being located in the nose of the plastic fairing, just below the central air duct to the single 50mm venturi; the latter tapered to 47mm at the throttle butterfly, twin injectors being specified. The six-speed, close-ratio gearbox and the dry, multi-plate clutch both followed the tried-and-true V-twin formula.

The Chassis

If the Supermono's powerplant was Bordi's responsibility, the same could not be said for the rest of the bike. Thus the chassis design was very much due to the skills of Claudio Domenicali. Manufacture of the all-steel tubular frame was not carried out in Bologna, but at the Cagiva facilities in Varese, from a new high-resistance material coded ALS 500: this offered the same torsional stiffness as the more familiar 25 CrM4 chrome-moly steel, but at a lower unit cost. Engineer Domenicali carefully studied no fewer than fourteen different chassis layouts on the factory's CAD system before selecting the one that the computer advised would weigh a mere 6.2kg (13.7lb). This was a pretty accurate forecast, as the finished 'in-metal' frame weighed 6kg (13.2lb), employing 22mm (0.9in) external diameter tubing, with a

Supermono technical details: liquid-cooled horizontal cylinder, radiator, oil cooler, steel trellis frame and cantilever; braced aluminium swinging arm.

Offside view of engine: dry clutch with carbon-fibre guard, battery, belt pulley, oil cooler and radiator.

Off-side fairing panels removed to expose frame and power plant.

wall thickness of 1.5mm (0.07in).

The Bologna-based Verlicchi concern (who had previously built frames for Ducati, including the TTF2) manufactured the aluminium swinging arm assembly. Like the belt-driven V-twins, this component pivoted in the crankcases, thus helping to reduce the wheelbase, whilst the chassis effectively located the front suspension, since the seat and tank were supported by a carbon-fibre sub-frame.

The Swedish suspension specialists Öhlins were contracted to supply both the front forks and rear shock. The 42mm inverted (upside-down) forks were complemented at the other end by an Ohlins DU 2041 shock absorber; this was adjustable for ride height via an eccentric mounted on the chassis and with some 130mm of wheel travel. The Japanese specialist Showa supplied the hydraulic steering damper.

Brakes and Gearing

Braking was looked after by Brembo components, with a pair of 280mm floating discs and four-pot calipers up front, and a single 190mm solid disc and two-piston caliper at the rear.

As supplied, the standard gearing consisted of a 15-tooth gearbox and 36-tooth, rear-wheel sprocket, whilst the primary transmission (by straight-cut gears) was 31 × 62 teeth.

Other Dimensions

Even though the cylinder was horizontal, the wheelbase at 1,360mm (53.6in) was surprisingly compact, with a 23.5-degree steering head angle, and 92mm of trail. The weight of 123.5kg (272lb) was half dry (oil and water, but no fuel), split 54.5/45.5 per cent frontwards, thanks in no small part to the cylinder head sitting just aft of the front wheel. The Supermono was equipped with 17in lightweight Marchesini wheels, Michelin slick racing boots, and a single exit muffler – though this latter component was soon ditched in favour of a twin-exit type, originally found in the factory's own works' Supermono development machines ridden by Marco Lucchari, and later by Pier Francisco Chilli.

THE SOUTH AFRICAN CONNECTION

The third important link in the Supermono's development history was the man who drew up its superbly cultured outline. The model's styling, and the balance of the chassis detail, was the work of the young South African designer Pierre Terblanche, recruited by the Cagiva group some four years earlier, after making his name in automotive work. A term in Cagiva's hilltop design studio in San Marino under former Bimota boss Massimo Tamburini had initiated him into the motorcycling world. The Supermono was Terblanche's first unassisted styling project on the two-wheel scene.

In fact Pierre Terblanche only received the bore prototype chassis in July 1992, yet he delivered the completed bike to the Cologne Show organizers on 29 September that year – so it can be appreciated that he did not let the grass grow under his feet! In fact the South African was obliged to drive

Works mechanic Giorgio Grimandi pushing the original Supermono racer for Mauro Lucchiari at Misano, Italian Championships, 14 March 1993.

549 Supermono (1993)	
Engine:	Liquid-cooled, four-stroke dohc, Desmo, single, four valves per cylinder. Belt-driven cams
Bore:	100mm
Stroke:	70mm
Displacement:	549.7cc
Maximum power:	75bhp at 10,000rpm
Lubrication:	Wet sump, gear-driven pump
Primary drive:	Straight-cut gears
Gearbox:	Six-speed
Ignition:	Electronic
Fuel system:	Weber-Marelli fuel injection
Frame:	Steel, trellis tubing
Front brake:	2 × 280mm floating discs, four-piston calipers
Rear brake:	Single 190mm solid disc
Wheels:	17in Marvic three-spoke front and rear
Wheelbase:	53in (1,360mm)
Dry weight:	272.3lb (123.5kg)
Maximum speed:	146mph (235km/h)

through the night to Cologne to assemble the machine on the Ducati stand during the official press day.

Working with a pair of assistants, Terblanche had actually begun the preliminary drawings in March 1992, but could not really do much until the rolling chassis was delivered some twelve weeks later. Working against the clock, he and his assistants had the design finalized by the end of that month; then working through the traditional Italian holiday month of August, they completed a full-size clay mock-up, before transferring to carbon-fibre the following month.

Production Begins

After a great reception by the press and public alike in Germany, it was then back to the business of getting the model into production, albeit on a very limited basis – at the same time making sure it was also competitive with the many new breed singles already disputing the race circuits of Europe.

But the Ducati Supermono's big advantage was that, unlike the great majority of its rivals, it had an engine built for the tarmac, not the dirt. Many others – such as Husqvarna, Rotax, Gilera, Suzuki and Yamaha – owed their existence to the off-road sector, and had only been converted later for road racing.

Against this the Ducati, at 549cc, was one of the smallest displacement units, and for that matter one of the least powerful. But what the Supermono did possess was *overall ability*. As Alan Cathcart so vividly explained in the July 1993 issue of *Superbike* magazine:

> The Ducati's big advantage is not in terms of power or weight – with 75bhp at the gearbox at 10,000rpm, and weighing 123.5kg (272lb) half-dry in customer form, it is only average for the class – but in the excellence of the overall package it delivers. Being designed as a piece, rather than being no more than a modified engine developed for another purpose, then shoe-horned into a purpose-built race chassis, it offers a superbly responsive, high-revving engine, with the sophisti-

> cation of fuel injection helping to deliver a totally linear power curve with the engine tractable from as low as 4,000rpm, pulling up to the 11,000rpm redline without a hiccup, or any vibration.

Interestingly, in the light of the statement made to the author by Geoff Baines, Cathcart went on to say in the same 1993 article that even after fitting a revised twin exit exhaust (very quiet, 103 dB) there was '. . . a pretty massive flat spot between 5,500–7,500rpm, even with a suitable EPROM chip fitted'.

BRITISH CHAMPIONSHIPS

Whereas in North America and mainland Europe single-cylinder racing is seen as a prestige event, in Britain the sports governing bodies at national level have not done their part to promote the cause. In fact the last time there was what could truly be called a British Championship title for the Supermonos (as opposed to a series run at club-based meetings) was in 1994.

This was dominated by the former Grand Prix and British 250cc champion, Alan Carter, riding a Top Gun-entered Supermono. Bearing in mind Carter's wide experience, his initial two-word comment 'Fantastic bike' shows just what an impact the Italian machine had on this straight-

Factory fresh 1993 549cc Series 1 Supermono, with improved twin outlet exhaust.

Supermono on display in the Ducati Museum, Bologna, circa 1999.

talking Yorkshireman. He told the author that he felt he 'couldn't fail to win, at least whilst it kept going' – this comment in view of the fact that the Top Gun Supermono suffered failure of both the small- and big-end bearings (at different times), Carter voicing the opinion that this was more than likely due to a change in the make of engine oil used. Another factor was Carter's riding style, which he had developed through his vast experience of racing Yamaha and Honda two-strokes.

Besides taking the 1994 British Singles title, the Top Gun Ducati rider also made a big impression by winning both Daytona and the Irish North West 200. At the latter event the Supermono was electronically timed at an incredible 151mph (243km/h) – and also put in a 110mph (177km/h)-plus lap, which was some going for a 550cc single!

The power behind the Top Gun name was Preston-based – in Lancashire – Doug Holden, who had been mechanic to Carl Fogarty when he won his first-ever World Super Bike race at Donington Park in 1993. In fact it was during his time with 'Foggy' that Holden fell under the spell of Ducatis, and went on to earn his living exclusively tuning them (mainly restricted to the eight-valve V-twins).

THE DUTCH CONNECTION

Another Englishman to race a Supermono at the highest level was Richard Cutts,

572 Supermono (1994)	
Engine:	Liquid-cooled, four-stroke dohc, Desmo, single, four valves per cylinder. Belt-driven cams
Bore:	102mm
Stroke:	70mm
Displacement:	572cc
Maximum power:	80bhp at 10,000rpm
Lubrication:	Wet sump, gear-driven pump
Primary drive:	Straight-cut gears
Gearbox:	Six-speed
Ignition:	Electronic
Fuel system:	Weber-Marelli fuel injection
Frame:	Steel, trellis tubing
Front brake:	2 × 280mm floating discs, four-piston calipers
Rear brake:	Single 190mm solid disc
Tyres:	Front 310/480 R17, rear 155/60 R17
Wheelbase:	53.5in (1,360mm)
Dry weight:	272lb (123.5kg)
Maximum speed:	150mph (241km/h)

from Sible Hedingham in Suffolk. Cutts purchased his bike from the Dutchman Stefan Slootjes, who had won the 1994 Dutch single crown, going on the following year to finish runner-up. The ex-Slootjes machine was one of the first batch – though it took almost a year to arrive in Holland after being ordered!

Richard Cutts bought the motorcycle immediately after the final round of the Dutch championships in October 1995. Then in 1996, the Englishman rode it in seven of the eight rounds of the World Super Bike Supermono support races. He also campaigned it twice at Mettet in Belgium, and the one-off Forza Italia meeting at Donington Park in August that year. It was at the latter meeting that he suffered the only retirement of his career, because of a split head gasket (which he attributed to the engine running too hot).

The Slootjes/Cutts bike was updated with what was known as the '102 kit'. This was in reference to a change in bore size to 102mm for the series 2 machines (in other words the second batch, of which approximately 45–50 machines were constructed from late 1994 until mid-1995). The increase gave a new displacement of 572cc, and made a considerable difference to performance, notably through much superior mid-range torque.

The Pro-Carbon Company

Pro-Carbon refers to a Dutch-based company run by South African Gary Turner who had lived in the Netherlands for several years.

Pro-Carbon produced their own range of Supermono products, due in most part to the high cost and patchy availability of the original Ducati-made components. These included a carbon-fibre replacement fuel tank, fairing, seat tail, seat sub-frame, muffler bracket, foot-rest hangers, rear hugger instrument console and computer holder. Pro-Carbon's race team was managed by an Englishman, Tim Cannons, and the mechanics were also British, namely Alistair Wage and Paul Mascall. Pro-Carbon's base is the town of Almere, some 15 miles (24km) north-west of Rotterdam.

Five 572cc series 2 Supermonos awaiting delivery at the factory in 1995.

OTHER DEVELOPMENTS

For many years rumours circulated of a production roadster version of the Supermono. But such a bike never reached the showrooms: why? The first stumbling block was cost. To discover why, just check out a few spares prices – for example, a head gasket retailed at a cool £200 in the UK in 1996! Then there were the Cagiva group's financial problems, which ultimately saw them sell off Ducati to TPG (Texas Pacific Group). In fact the nearest it got to a street Supermono Ducati was a prototype-only Husqvarna 610cc sohc enduro motor slotted into a modified Cagiva Mito Evo chassis. End of story!

12 The Corsa Series

The arrival of the four-valves-per-cylinder, liquid-cooled, dohc, fuel-injected Desmo V-twin during the late 1980s brought Ducati back into the exclusive fold of motorcycle manufacturers who offered an over-the-counter 'customer racer'. Known as the *Corsa* (Racing) series, this programme ran in tandem with the Bologna factory's astonishing success in the World Super Bike (WSB) championships.

The first production four-valve models, the Strada and Kit, that appeared in 1988 were the inspiration for the Corsa. The Kit was just what it said: a 'kitted' version of the street model, the Strada. Whereas the latter had super-quiet mufflers, direction indicators and road-legal tyres, the Kit had open exhausts, less electrical equipment and 'slick' racing-only rubber. The 1988 Kit is discussed in the preceding chapter,

The first true Corsa appeared for the 1989 model year. This used an 888cc (94 × 64mm) engine, whereas the production roadster was only 851cc.

The Lucchinelli Replica (1989)	
Engine:	Liquid-cooled, four-stroke dohc, Desmo, 90 degree V-twin, four-valves-per-cylinder. Belt-driven cams
Bore:	94mm
Stroke:	64mm
Displacement:	888cc
Compression ratio:	11.2:1
Maximum power (at crank):	125bhp at 11,000rpm
Lubrication:	Wet sump, with gear-driven pump, oil cooler
Ignition:	Electronic IAW type
Fuel system:	Weber-Marelli electronic fuel injection
Primary drive:	Straight-cut gears
Final drive:	Chain
Gearbox:	Six-speed
Frame:	Tubular space type, chrome moly
Front suspension:	Marzocchi MIR telescopic forks
Rear suspension:	Swinging arm, single vertical shock
Front brake:	Two × 300mm floating discs, four-piston calipers
Rear brake:	Single 260mm solid disc, two-piston caliper
Wheels:	17in Marvic three-spoke front and rear
Tyres:	Front 120/60 (slick), rear 180/60 (slick)
Wheelbase:	56in (1,425mm)
Dry weight:	349lb (159kg)
Fuel tank capacity:	N/A
Top speed:	165mph (165.49km/h)

together with the development of the 851 to production status. That original attempt to build a 'customer' version of Ducati's newly released four-valves-per-cylinder V was only notable because it was the first, rather than because it was an effective track iron.

THE 1989 MODEL YEAR

It was not until the 1989 model year that Ducati was to offer a *serious* racing motorcycle with the new Bordi-conceived power unit.

Whereas the 1988 851 Kit was exactly what it said – 851cc (92 × 64mm) – the 1989 model, known as the Lucchinelli Replica, employed the larger 888cc (96 × 64mm) of the then current works racing machines. A mere twenty-five of these bikes were constructed (compared with 200 of the 1988 Kit), and in Great Britain the price was a hefty £18,000. Besides the bigger bore motor with its larger capacity and true hand-built assembly, the Lucchinelli Replica was identifiable from the fitment of a set of carbon-fibre body (including the seat and fairing), as well as special Marzocchi front forks and lightweight magnesium Marvic wheels (17in). But the performance, considering the experiences garnered by Marco Lucchinelli during the 1988 WSB series, was not greatly improved over the 851 kit it replaced. However, when added to the chassis/suspension changes made, it offered a better overall package.

The Corsa 888 (1990)	
Engine:	Liquid-cooled, four-stroke dohc, Desmo, 90 degree V-twin, four-valves-per-cylinder. Belt-driven cams
Bore:	94mm
Stroke:	64mm
Displacement:	888cc
Compression ratio:	12:1
Maximum power (at crank):	N/A
Lubrication:	Wet sump, with gear-driven pump, oil cooler
Ignition:	Electronic IAW type
Fuel system:	Weber-Marelli electronic fuel injection
Primary drive:	Straight-cut gears
Final drive:	Chain
Gearbox:	Six-speed
Frame:	Tubular space type, chrome moly
Front suspension:	Inverted telescopic forks
Rear suspension:	Swinging arm, single vertical shock
Front brake:	Two × 300mm floating discs, four-piston callipers
Rear brake:	Single 260mm solid disc, two-piston calliper*
Wheels:	17in front and rear
Tyres:	Front S10/6 (slick) Michelin (slick); rear S1423 Michelin (slick)
Wheelbase:	56in (1,430mm)
Dry weight:	342lb (155kg)
Fuel tank capacity:	N/A
Top speed:	167mph (268.7km/h)

*1990 model 320mm front/210mm rear; 1991 model 320mm front/190mm rear

THE 1990 MODEL YEAR

For 1990 the Corsa was updated, notably being fitted for the first time with upside-down (inverted) front forks, with a change of manufacturer from Marzocchi to the Swedish Ohlins company. There was also a reduction in weight – down from 159 to 154kg (350 to 340lb) – and revised braking, the twin front discs being increased in diameter from 300 to 320mm, whilst the single rear disc was reduced in size from 260 to 210mm.

THE 1991 MODEL YEAR

Changes for 1991, of which details were released in September 1990, were as follows:

Marvic 3.75/17, 6/17 wheels
Gold-line Brembo D34/30 callipers
Carbon-fibre air intake
Carbon-fibre instrument panel/half fairing
New front mudguard
Rear 190mm disc (replacing the previous 210mm component)
New (carbon-fibre) airbox
Carbon-fibre fuel tank
Carbon-fibre silencer brackets
Higher silencers
Uprated water radiator
New (lightened) trimming
New inlet bellmouths for injectors
Showa steering damper
Modified front suspension with increased adjustment
Modified rear suspension shock

For 1990 the Corsa was upgraded with improved suspension (using inverted forks for the first time), less weight (down from 159 to 155kg (350 to 342lb)) and revised braking (the twin front discs being increased in diameter from 300 to 320mm).

Michael Rutter (son of Tony Rutter, four times TT F2 world champion) on the Moto Cinelli 888 Corsa; Donington Park, British Supercup, summer 1993.

The 851 to the 926

My name is Alan Walker (no relation to the author), and from an early age motorcycles have fascinated me. The family home near Holmfirth, West Yorkshire, is surrounded by disused quarries and moorland, and was therefore just the ticket for rough terrain riding. I never passed my test on a bike due to my brother crashing a few times; also my parents' disapproved and so a van became my mode of transport.

Along came long hair and the 1970s and I started watching stars like Read and Ago on MVs. The noise of these machines was a noise of its own, and I realized that four-stroke machines were my kind of music. My love for Ducatis started when my brother bought a 860GTS; not the best Duke manufactured, but it sounded perfect. He also had a Norton, but I won't go into that!

Then in 1984 my good friend and mechanic, John Bywater, a tool-making engineer by trade, purchased a brand-new Mike Hailwood Replica Ducati. I, too, was itching to have a road licence, but due to working away from home for months at a time, it never happened. The late 1980s saw John and me helping a friend race-prepare his Ducatis. After eight years of competing he opted to run his own team. So, after three seasons of good fun we were left with no entertainment. I had earned a few quid working abroad and decided it was time to have a go at something I loved to watch and be part of. I then decided that since I knew the circuits, and what was required to compete, it was time to give it a try. John and I discussed it, and decided to go for it. I always maintain that if you cannot afford to do things right , leave it alone; I had stuck by this policy for years, but the *time* was now right. Another sound Yorkshire decision.

A phone call in March 1990 to Steve Wynne of Sports Racing to purchase a Ducati 851 1990 special put us on our way. It so happened that Steve had a crashed 851 to repair, which required a full body kit, and he suggested taking all the bodywork off our bike and he would swap it for the race kit. What a good deal – what a top bloke! After dealing with Steve over the years we became good friends of his, and also Peter Kynnersley (partners at Sports Motorcycles at Bollington, Cheshire). So not having ridden a bike on the road, only across fields and rough terrain, this was not going to be easy. But John's patience has been immense over the years. Bringing his engineering background into it, I suppose it took three or four years to really get going, which was quite difficult

Alan Walker with his 851 racer in its first year, 1990. It was to be the start of a long relationship with the 4-valves-per-cylinder Ducati v-twin family which continues to the present time.

The 851 to the 926

when I was working out of town most weeks, long hours and arriving home, loading up the van and off to the circuits for the Battle of the Twins (BCT) meetings, where we might be contesting with Wayne Mitchell on a 1994 works Corsa Ducati (awesome). We struggled with the competition at this level, then Geoff Baines and Graeme Ritchie came to the fore. These were two top lads, who both helped us with their knowledgeable advice. Unfortunately Graeme died at Brands Hatch in a world superbike round. The rules changes in the BOT left us in a dilemma: it became New Era Sound of Thunder (SOT), which included twins, singles and classics; this was OK for two seasons, but then dwindled off, before taking off from 1999 onwards.

We carried on competing. The 1996 season saw the start of a few more Guzzis, BMWs, Ducatis, Triumphs, Yamahas, and various singles competing. John uprated the bike from 851 to 888, different forks and rear unit, big bore exhausts, different Eprom and we started to get top ten results.

In 1996 Stuart Shopfitting Ltd, Leeds, West Yorkshire was founded: I started the business with my estimable business partner Malcolm King. To be quite honest I have tried to be very careful in my racing over the ten years because of work commitments and a responsibility to a thirty-strong workforce. I decided to let go and put work behind me on a Friday night and enjoy the race weekend ahead. We have since progressed with not too many crashes along the way. So from 1998 onwards, decent results have appeared.

Competition has grown rapidly in the SOT series: Hondas, Suzukis, Aprilias and Ducatis, which is good for competition and good from the spectators' point of view. 1999 and 2000 were good years for us: we gained sponsorship from Graham Rayner, and in 2001 we actually purchased that 1994 works Ducati 926cc Corsa from Sports (mentioned earlier).

In action at Cadwell Park, New Era Sound of Thunder (SoT) 2000 season, 10th finisher. The bike has now been upgraded to 888cc.

The 851 to the 926 *continued*

Alan Walker (seated on bike) with long serving mechanic John Bywater, 2001. For 2001 a 1994 926cc Corsa was purchased from Steve Wynne, making the team more competitive against modern machinery.

So here we are today, looking back at the bike Ron Haslam and Wayne Mitchell rode, and owning the very thing! Let us hope that John and I can keep up with the Japanese competition. If not, it is all about participating and being surrounded by quality people, pleasant, down-to-earth and a good laugh, from marshals to organizers to competitors and scrutineers. I would just like to thank the following for their contributions to making this a great sport:

Steve Wynne
Pete and Sean Kynnersley
Geoff and John Baines
The late Graeme Ritchie
Roy Armstrong (Ital sport)
Ron Williams (Maxton)
Sam and Pete Roberts (SPR)
Glynn Robinson at IKB Engineering
Steve Robinson (Gleve Engineering)
John Bywater for giving nothing less than 100 per cent
Graham Rayner of T R Motorsport, my sponsor for two years who has become a great friend (good friend and sponsor)
The New Era Motor Cycle Club, officials and marshals
Karen, my 'other half'

Motorcycle racing is a dangerous sport, as we all know, but the people who are involved in it are a little bit special. If everybody took a leaf out of this sports book I am sure the world would be a far better place to live.

absorber with increased adjustment
Weight reduction of around 17½lb (8kg)
Increased power output at the rear wheel to a claimed 128bhp at 11,000rpm

THE 1992 MODEL YEAR

For the 1992 model year there was another batch of changes, although the power output of 128bhp (rear wheel) was unchanged:

New coolant circuit, including radiator
New wheels (including cush drive at rear)
New exhaust assembly including both pipes and mufflers
Rear disc diameter reduced to 190mm
Smaller battery and carbon-fibre support
Smaller fuel pump
Magnesium front fork top yoke
New front fork legs
Exhaust camshafts
Connecting rod with lubricating hole to match piston
Lighter piston of a new forging material
Gudgeon pin diameter changed to 21mm
Gearbox with revised ratios
Light alloy timing belt tensioners
With other lightening details some 11lb (5kg) was saved, reducing dry weight to 330lb (150kg), including oil and water, but not fuel.

THE 1993 MODEL YEAR

For the 1993 model year there were few significant changes, except for an improved clutch, an electronic (instead of mechanical) tachometer, a revised gear change, and minor alterations to the injector/ignition CPU and frame – plus new graphics.

THE 1994 MODEL YEAR

For 1994, the Corsa engine had received significant benefits from the on-going factory-entered bikes in the World Super Bike series. So the mechanicals were considerably updated, even though the chassis remained embedded in the old 851/888 series rather than the new-for-1994 916.

Engine: 926cc (96 x 64mm)
Improved gear engagement
Reinforced crankcase
Titanium connecting rods
Larger 37mm inlet valves
New oil-bleed system
Lighter moving parts
Frame
Various lightening details
Deletion of anti-hopping rear brake rod
Mercury switch for cut-out in case of accident
Ohlins front fork (inverted type) rear shock (multi-adjustment) and hydraulic steering damper
Larger brake callipers
Narrow-face front brake discs
Thinner rear brake disc
Lighter five-spoke Marvic magnesium wheels
New tyres:
Front 12/60 17SC 1275 Michelin slick
Rear 18/67 SC 1866 Michelin slick
Optimized airbox
Oil bleed tank
Exhaust system
Seat body

THE 1995 MODEL YEAR

A major change occurred for the 1995 model year, with the Corsa taking on the chassis and running gear from the 916 series, not the previous 851/888 type. This

Graeme Ritchie cresting the 'Mountain' at Cadwell Park on his Corsa, circa 1993.

Graeme Richie in leathers (stripped to the waist), with the victor's laurels at Cadwell Park, 1993. Note the 'Neil Hodgson' van in the background.

Jonathan Power on his 888 Corsa, Snetterton, East Anglian National races, 24 April 1994.

Corsa 926 (1994)	
Engine:	Liquid-cooled, four-stroke dohc, Desmo, 90 degree V-twin, four-valves-per-cylinder. Belt-driven cams
Bore:	96mm
Stroke:	64mm
Displacement:	926cc
Compression ratio:	12:1
Maximum power (at crank):	138bhp @ 11,500rpm
Lubrication:	Wet sump, with gear-driven pump, oil cooler
Ignition:	Electronic IAW type
Fuel system:	Weber-Marelli electronic fuel injection
Primary drive:	Straight-cut gears
Final drive:	Chain
Gearbox:	Six-speed
Frame:	Tubular space type, chrome moly
Front suspension:	Inverted telescopic forks
Rear suspension:	Swinging arm, single vertical shock
Front brake:	Two × 320mm floating discs, four-piston callipers
Rear brake:	Single 260mm solid disc, two-piston calliper
Wheels:	17in front and rear
Tyres:	Front 12/60-17 SC1275, rear 18/67- SC 186617
Wheelbase:	56in (1,430mm)
Dry weight:	319lb (145kg)
Fuel tank capacity:	N/A
Top speed:	176mph (283km/h)

meant less bulk and increased aerodynamics penetration, particularly at higher speeds. Not only this, but once again the engine displacement was increased.

1995 Corsa specification

Engine size: 955cc
Bore: 96mm
Stroke: 66mm
Maximum rpm: 11,500
Inlet opens: BTDC 53
Inlet closes: ABDC 71
Exhaust opens: BBDC 71
Exhaust closes: ATDC 45
Primary drive gearing: 15/37
Dry weight: 320lb (145kg)

THE 1996 MODEL YEAR

For 1996 the Corsa was renamed the 916 Racing. Compared to the model it superseded, the differences were as follows:

Engine
Inlet camshaft from factory 1995 engine
Exhaust system: 52mm diameter
Clutch with back torque limiter (again as on 1995 factory model)
Oil pump with enclosed relief valve
Timing belts (Kevlar)

Frame
Dry weight 352lb (160kg), as per 1996 Superbike regulations
Front fork now with top-out spring
Rear shock with aluminium casing and fast pre-load adjuster

The Moto Cinelli 888 race team of 1992. Left to right: Yasmin Le Bon, Malcolm Wheeler (team manager), Michael Rutter (rider) and Hoss Elm (owner).

Graeme Richie with his 999 Corsa, circa 1993. He was later to lose his life on the same machine at Brands Hatch during a World Super Bike race.

Corsa 955 (1995)	
Engine:	Liquid-cooled, four-stroke dohc, Desmo, 90 degree V-twin, four valves per cylinder. Belt-driven cams
Bore:	96mm
Stroke:	66mm
Displacement:	955cc
Compression ratio:	11:1
Maximum power (at crank):	141bhp at 11,500rpm
Lubrication:	Wet sump, with gear-driven pump, oil cooler
Ignition:	Electronic IAW type
Fuel system:	Weber-Marelli electronic fuel injection
Primary drive:	Straight-cut gears
Final drive:	Chain
Gearbox:	Six-speed
Frame:	Tubular space type, chrome moly
Front suspension:	Inverted telescopic forks
Rear suspension:	Swinging arm, single vertical shock
Front brake:	Two × 320mm floating discs, four-piston callipers
Rear brake:	Single 245mm solid disc, two-piston calliper
Wheels:	17in front and rear
Tyres:	Front 120/60 17, rear 180/60 17
Wheelbase:	56in (1,430mm)
Dry weight:	319.7lb (145kg)
Top speed:	180mph (290km/h)

Thicker front brake discs
Deletion of air vents on rear seat section

THE 1997 MODEL YEAR

For 1997 the Ducati engineering team carried out another series of revisions, the most important of which was an increase in engine displacement.

Engine size: 996cc
Bore: 98mm
Stroke: 66mm
Primary drive gearing: 32/59
Pressure regulator: 5 bar
Adjustable offset front forks (triple clamps in USA)
Enlarged front brake discs
Larger oil radiator
Airbox with larger capacity
Front fairing with larger air intake duct
Exhaust system 54mm (2in) diameter
New rear wheel hub assembly
Improved half handlebar (clip-on) fixing
Non-painted fairing

THE 1998 MODEL YEAR

This was another year of development by the works machines ridden by the likes of Fogarty and Chilli (in the preceding year of 1997), which was to benefit the annual improvement of the customer racing model. The full list for the 1998 version of the 916 Racing was as follows:

Lighter piston and connecting rod assemblies
Crankshaft: balancing factor revised to suit the new piston/con-rod assembly, coupling spline for sprocket.
Primary drive sprocket manufactured

916 Racing (1996)	
Engine:	Liquid-cooled, four-stroke dohc, Desmo, 90 degree V-twin, four valves per cylinder. Belt-driven cams
Bore:	98mm
Stroke:	66mm
Displacement:	996cc
Compression ratio:	12:1
Maximum power (at crank):	145bhp at 11,500rpm
Lubrication:	Wet sump, with gear-driven pump, oil cooler
Ignition:	Electronic IAW type
Fuel system:	Weber-Marelli electronic fuel injection
Primary drive:	Straight-cut gears
Final drive:	Chain
Gearbox:	Six-speed
Frame:	Tubular space type, chrome moly
Front suspension:	Inverted telescopic forks
Rear suspension:	Swinging arm, single vertical shock
Front brake:	Two × 320mm floating discs, four-piston callipers
Rear brake:	Single 200mm solid disc, two-piston calliper
Wheels:	17in front and rear
Tyres:	Front 120/60 17, rear 180/60 17
Wheelbase:	56in (1,430mm)
Dry weight:	342lb (155kg)
Top speed:	183mph (294km/h)

The 1998 916 Racing model used a 996cc (98 × 66mm) engine.

from improved material and with coupling spline incorporated
Improved crankshaft shimming
New inlet manifolds
New oil seal at crankshaft oil inlet
Timing belt rollers with larger rims
Smoother gear-change control thanks to new selector drum
Magnesium swinging arm
Throttle box for injectors, 60mm
24l (5.3gal) fuel tank
Front forks with same axle lugs as 1997 factory bike
Front brake disc diameter of 290mm supplied as standard
Waterproof injection control unit cover
Larger capacity coolant radiator
Hydraulic adjustment for rear suspension
Single-shock pre-load
TIG-welded frame in 25 CrMO4; thickness 1.5mm
Lighter seat subframe

As the British GSE team proved in the year 2000, the performance of the customer 996 racer was not that far off the full works model, as proved by Hodgson's victories at Donington Park and Brands Hatch. In addition the Ducati V-twin had been around for enough time for the evolution process to become as closely related between works and customer model as it is possible to be.

The customer version of the fuel-injection dohc Desmo V-twins has played a significant role in the development of World Super Bike racing, making up a considerable balance of the field once the pure works models from Ducati and other manufacturers have been taken into account

13 World Champions

Ducati tried to win the 125cc world championship in the 1950s, but it took the Bologna factory another two decades actually to score their first FIM world title; this was thanks to Mike Hailwood's incredible comeback F1 victory in the 1978 Isle of Man TT, and thus that year's F1 title. Then in the early 1980s Englishman Tony Rutter took the F2 title a record four times with his Pantah-based racer. But it has been in the prestigious arena of World Super Bike (WSB) that Ducati has had most success, taking no fewer than nine out of a possible twelve championship titles between 1990 and 2001!

The early days of Ducati WSB racing is recorded in Chapter 10 and here we deal with the 1990s – the decade of Ducati's dominance in the class

RAYMOND ROCHE

Frenchman Raymond Roche had the honour of becoming Ducati's first holder of the World Super Bike crown. Previously a Grand Prix rider, he had switched to Superbikes via his involvement with the Cagiva 500 GP team; Cagiva of course then being Ducati's owners.

Roche 'joined' Ducati for the 1989 season and straightaway made a big impression, going on to finish runner-up in the series at his first attempt. Roche also proved that the bike was now up to speed, and that it was reliable, too.

A 1990 888cc model, being run as a semi-works effort with NCR tuning. Monza WSB round, 7 October that year.

For the 1990 season Roche was joined by the former Bimota rider Giancarlo Falappa, generally seen as the hard man of racing – probably due to his aggressive racing style – which unfortunately saw him suffer more than his fair share of accidents. Nonetheless he helped Roche gain the coveted world title.

POLEN JOINS THE SQUAD

For 1991 Ducati started in a strong position as the reigning champions, particularly as Raymond Roche and Giancarlo Falappa were joined by American star Doug Polen, who made a massive impression not just on Ducati, but on the whole WSB circus, by dominating the class in the most impressive fashion.

To celebrate their first World Super Bike title, Ducati produced this signed sticker of their new hero, Frenchman Raymond Roche. Today the sticker is a highly valued collector's piece.

Doug Polen's 1991 WSB winner on display at the Milan Show that year.

Before coming to Europe Doug Polen had raced big-bore Japanese bikes in the American Motorcycle Association's national championship. The turning point in his career was thanks to Eraldo Ferracci (Fast by Ferracci), an Italian bike tuner resident for many years in the USA.

Engine and frame details of the 1991 WSB Ducati 888cc machine.

At the beginning of 1991, the official Ducati works team consisted of Roche and Falappa, with the company also having a satellite team of Polen and Stefan Mertens running under the Ferracci name; this meant in effect no fewer than four factory 888 riders – but Polen came out on top.

In 1992 Polen and Falappa were managed by the 1982 500cc (Suzuki) world champion Franco Uncini. Uncini had ridden Ducati bikes earlier in his career with considerable success. Roche meanwhile had his own team. Other works entries that year were Mertens, Tardozzi (later to become Carl Fogarty's team manager in the late 1990s) and Amatriain. The 888cc race bikes were virtually the same as in 1991, but carbonfibre discs were an innovation on Polen's motorcycle.

FOGARTY IS CONTRACTED BY DUCATI

Carl Fogarty first rode a Ducati in 1992, when he created a stir at the Donington Park round by leading home all the works teams, including the existing Ducati top gun, Doug Polen. Foggy was mounted on a privately entered 888 Corsa production model.

Stefan Mertens (seen here) rode as a factory entry in 1992 in a team managed by Raymond Roche.

After this success Carl Fogarty desperately wanted an official Ducati ride, and at the end of the 1992 season he began negotiations for a contract with the Bologna factory. He finally signed on the dotted line in January 1993 to ride with Giancarlo Falappa in the Raymond Roche squad. It was also agreed that Carl would ride for the British importer Moto Cinelli in selected races in the UK during the 1993 season. This he did brilliantly on an 888 Corsa, winning both legs of the North West 200 in Ulster, breaking the lap record in the process. In the world series Fogarty was the best placed Ducati, runner-up behind Kawasaki's Scott Russell.

Foggy becomes Champion

For 1994 Carl Fogarty came under the wing of Virginio Ferrari. The factory built a total of eight works 916 racers, using for the first time a displacement of 955cc (previously 926cc). That year only three teams provided WSB winners: Virginio Ferrari, Muzzy (Kawasaki) and Moto Cinelli. The latter now had James Whitham, who won the Indonesian round. Otherwise it was a straight contest between Fogarty and Russell, with the Ducati man coming out on top.

THE 'SLIPPER CLUTCH'

An interesting feature of the 916-style 955cc-engined 1994 works model was its innovative 'slipper clutch'. This operated to a simple but very effective principle: while downshifting under braking, the clutch slipped slightly to prevent the rear wheel from actually locking up and thus hopping or even causing the vehicle to slide. Testing Carl Fogarty's machine, former 500cc Grand Prix rider Niall MacKenzie said:

> The bike already has loads of engine braking. That and the slipper clutch are a superb combination. Without the clutch the rear wheel goes sideways. I reckon Foggy's slipper clutch is worth about a second a lap on its own.

Other differences compared to the production Corsa model (*see* Chapter 12) included exhaust, camshafts, titanium valves, plus a different chip for the computer. Mackenzie also tried a Corsa to

Some of the silverware amassed by Ducati in World Super Bike racing over the last decade.

make a comparison between the works and customer models, and went on to say:

> On the Corsa, the engine has to be at 8,500rpm before it pulls hard. But on Foggy's bike the power is there, ready to use, at 6,000 revs. At higher revs, the bike feels no stronger than a Corsa. From 10,000 revs, Carl's bike doesn't make any more power than the Corsa, and the rev limiter comes in at about 11,700 – just the same.

Carl Fogarty was also champion in 1995

A 1-LITRE ENGINE SIZE

Since the 851cc prototype, the liquid-cooled, dohc, four-valves-per-cylinder Desmo V-twin engine had been enlarged in stages – 888, 926, 955 and now, for the 1996 season, 996cc (98 × 66mm). But Foggy was not able to defend his crown on this new bike; instead, in the previous November whilst at the NEC Show in Birmingham, he had signed to race Honda's RC45 V-four.

In retrospect, as Fogarty was later to admit, that was a bad move, and even though he won four races, the title remained with Ducati, with the Australian Troy Corser becoming the 1996 WSB champion. The British rider Neil Hodgson had also joined Ducati for 1996, but he was destined to leave after only one year to join Kawasaki.

THE DREAM TEAM

For 1997 Fogarty re-signed for Ducati, meaning that Corser and the Englishman were riding for the same factory, giving Ducati a dream team. But then John Kocinski (who had ridden for Ducati in 1996) spoiled the party by winning the title on the bike that Foggy had left at Honda, the RC45. But with Kocinski leaving WSB for the Grand Prix in 1998, Fogarty and Corser dominated Super Bikes, finishing the season an impressive 1,2 respectively.

1999

Since his return to Ducati in 1997, Fogarty had been under the wing of team manager Davide Tardozzi (himself a former racer of considerable talent). Tardozzi managed in a

Neil Hodgson's INS Ducati 996 with which he won rounds of the 2000 championship at Donington Park and Brand's Hatch, thus allowing him to do a full season of WSB in 2001. On the same bike he also won the British Super Bike title in 2000.

most effective way and was well liked by his riders, as Carl revealed to me in 1999, openly saying that he found 'Davide Tardozzi much better to work with than Virginio Ferrari, my previous manager at Ducati.'

For 1999 Ducati decided to field only one official team – Ducati Performance – and two riders – Fogarty and Corser. This meant that there was no dead wood, or making up the numbers, as these two riders had taken four WSB titles between them over the preceding five years. What a team!

The title race was destined to go to the Englishman for a record fourth time.

Foggy Out; Bayliss In

With Carl Fogarty still hungry for success, many considered title number 5 to be on the cards in the year 2000. But it was not to be, because Fogarty suffered a serious crash that effectively ended his racing career early in the season. His place was taken by the likeable Australian Troy Bayliss, who had won the 1999 British Super Bike title. Bayliss went on to prove his worth, but was unable to retain the title for Ducati, as he joined the fray when the season was already underway. This meant that no one at Ducati could stop the Texan Colin Edwards winning on Honda's new VTR v-twin. The American Ben Bostrom had also arrived fresh from AMA success, but didn't pose much of a threat in his first year on the WSB stage.

LATEST DEVELOPMENTS

As the 2001 season began, and without Fogarty, it appeared the most open for years, with several serious contenders. Honda had Colin Edwards, Aprilia had Troy Corser (who had left Ducati at the end of 1999), whilst Ducati were relying on Bayliss, Bostram (who from early season form was much improved over the previous year) and the British pairing of Neil Hodgson (the 2000 national champion on a Ducati) and the promising youngster James Toseland.

So it seems as if there will be a three-way battle for the championship between Honda, Aprilia and Ducati – and probably it is the most open title race in years. But if points were awarded for pedigree, Ducati would win comfortably!

And as the season unfolded it became a fierce contest between Edwards, Corser, Bostrom and Bayliss. But at the season's end it was the Australian Ducati-mounted Troy Bayliss who took the title, Ducati's ninth in twelve years!

14 Carl Fogarty

Carl Fogarty was born in Blackburn, England, on the 1 July 1966. His father George was a racer of considerable note – and rode Ducati V-twins during the 1970s at the top level.

But it is Carl (universally known as 'Foggy') who ranks alongside the great British riders who have brought success to Ducati, including Mike Hailwood, Paul Smart and Tony Rutter.

EARLY STEPS

Foggy's first race came in 1983, and his first really big race, the British 250 Grand Prix (on a TZ Yamaha) in 1986. By 1988 he had been signed by Honda, and he celebrated this by winning the Formula 1 World Championship for the Japanese company; and he repeated this success the following year.

In 1990 he won the FIM Cup for Honda, and he rode a 500 four-cylinder two-stroke Honda in the GPs. However, in the latter class he openly questioned, via the press, whether Honda was providing him with a truly competitive bike. It goes without saying that this did not go down well with the top brass in Japan, and he subsequently left Honda.

WORLD ENDURANCE CHAMPION

In 1992 Carl Fogarty, together with fellow Englishman Terry Rymer, became World Endurance Champion. It was also in 1992 that Foggy first arrived on the Ducati scene, when he caused a massive stir by winning the British round at Donington Park on a private 888 Corsa model, in the process soundly beating the factory teams, including of course Ducati and their world champion (1991 and 1992) American Doug Polen.

SIGNED BY DUCATI

In 1993 Polen quit the team, Giancarlo Falappa was injured and Raymond Roche retired, so Ducati signed Carl: and that year the 'Blackburn Bullet' scored eleven WSB (World Super Bike) victories. Riding a new, larger-engined version of the 888 model (using a 926-96 × 64cc version of the liquid-cooled, dohc, four-valves-per-cylinder, 90-degree V-twin, with Ducati's famous Desmo valve gear), Fogarty was a close runner-up to the champion Kawasaki's American rider, Scott Russell.

Whilst not on official factory duties, Carl Fogarty also rode an 888 Corsa production model for British importers Moto Cinelli. With this he had a record-breaking victory in the North West 200 in Ulster.

Carl Fogarty first rode a Ducati V-twin in the spring of 1992, then that summer he pulled off a sensation by beating everyone at a round of the World Super Bikes at Donington Park, including double champion and works Ducati rider, Doug Polen. Following this he gained a full works Ducati ride for 1993 (seen here that year).

Carl with the Moto Cinelli squad at the 1993 North West 200, which he won on a production Corsa model.

Carl Fogarty, nicknamed the 'Blackburn Bullet', or simply 'Foggy' by his countless fans worldwide, won the 1994 and 1995 WSB titles on the 916-based racer.

THE 916 ARRIVES

Then came 1994 and the new 916: this was a quantum leap compared to the old 851/888 series design. The '916' was designed for WSB racing by Fogarty and the rest of the official Ducati team members, and was actually 955cc (96 × 66mm). And it was not simply a case of a new, larger engine, but the balance of the bike was new, making it lighter and more compact. Much of this was down to the work of Massimo Tamburini. The ram-air induction system had come from the 500 Cagiva GP bike (which Carl had ridden a few times the previous year), and the single-sided swinging arm was an entirely new feature for the new owner of Ducati, the Cagiva Group.

Foggy (left), James Whitham (centre) and Brian Morrison in Jakarta after the Indonesian World Super Bike round, 1994.

WORLD SUPER BIKE CHAMPION

After just missing out on the 1993 title, Fogarty was hungry for success, and he had an absolutely brilliant year, sweeping everything before him – including the 1993 champion, Scott Russell (who then promptly quit WSB for the GP circus).
For 1995 Ducati gave their riders an even greater chance of winning by increasing the engine size of their works bikes to a full one litre, the maximum allowed by the rules. This saw a new displacement of 996cc (98×66mm). And true to form, Foggy retained his world crown.

A SWITCH TO HONDA

Feeling he needed a new challenge, Carl Fogarty surprised many by leaving the relative safety of Ducati to join rivals Honda in November 1995. This meant that for 1996, he would be campaigning the previously less-than-successful RC45 V-four. And even though it did not stop him from winning four races that year and coming home 4th in the championship, by his standard he was not happy; and he even went public in saying that he 'wished I had stayed at Ducati'. In his absence, Ducati's replacement Troy Corser was the 1996 champion.

FOGGY REJOINS DUCATI

A buy-in to Ducati by the American finance house TPG (Texan Pacific Group) gave Ducati a massive cash injection during 1996. *Motor Cycle News*, in their issue dated 11 September 1996, were able to report 'Foggy Waves Bye to Honda' and 'World Super Bike Champ Quits HRC After One Year for Big-Money Ducati Deal'. They went on to say:

> King Carl Fogarty is 'going home' to the works Ducati team that gave him back-to-back World Super Bike titles in a one-year deal worth £750,000. The thirty-year-old

In 1997 Fogarty rejoined Ducati after a spell riding the RC45 V-four Honda in 1996.

> has been lured by a £250,000 pay rise and the prospect of riding the bike he took to the WSB title in 1994 and 1995.

THE BEST LAID PLANS . . .

But even the best laid plans can go astray, and that's exactly what happened in 1997: in short, Fogarty did not win the championship upon his return – just when everyone had expected him to snatch his third WSB crown. Instead a bitter fight developed between him and the American John Kocinski, until Kocinski became champion, with Foggy runner-up. Quite simply Foggy crashed out too many times, and it seemed as if, finally, he had bent under pressure. And when one considers that the diminutive American won on an RC45 Honda ...

CHAMPION AGAIN

But in 1998 Fogarty came back to score his third World Super Bike title. As he was later to reveal, he could have got more money that year by signing for Suzuki:

> I know Suzuki were really keen to have me, and I always thought I could have been there because the Harris team is so committed to winning; but my heart is with Ducati, and I think it will be until I stop racing.

Into 1999, and the last year of the twentieth century was also Foggy's last year in racing, although he did not know it at the time. By its end he had won a record fourth WSB Championship – all on Ducatis!

A serious crash early on in the year 2000 season meant that he was sidelined. And although there was much talk about how long it would be before he was back in action, this never happened. Certainly he did not need the money: racing had made him a very rich man. And so came the announcement that he was to quit the

Ducati Performance team mechanics, the 'backroom' boys who helped Foggy win the World crown in 1998 and 1999, and thus a record four championships in the hotly contested Super Bike class.

Foggy (left) in his motorhome at Brands Hatch, World Super Bike round, Sunday 2 August 1999, with two young admirers.

sport. However, his involvement with Ducati would continue, in the capacity of roving ambassador.

THE FOGGY REPLICA

Given his temperament when racing, many observers found it difficult to believe that he would be a success in his new role. But a success it has been. Before his retirement, however, came the limited (UK only) Fogarty Replica, a £20,000 996cc street bike of which only 202 were made. Numbers 1 and 2 went to Hoss Elm (head of the New British Ducati importers Moto Cinelli) and Carl himself respectively. No doubt these bikes are future collector's items, in much the same way as the old bevel-drive Hailwood Replica is today.

FAMILY LIFE

Carl's wife and his family (including their two daughters) have been a constant source of support and inspiration to the multi-world champion. He is very much a family man, jealously guarding his home life – in fact he is much happier with his friends and family than when he is being hounded by the world's press! As I discovered when interviewing him in 1999, before the start of his final championship season, he revealed that he felt himself very lucky to 'have met his wife before I

Carl Fogarty (1) leading Honda's Arron Slight at Laguna Seca, 1999

was famous, in contrast to Max Biaggi who never knows if it's the money or him girls are after'.

A LEGEND IN HIS OWN LIFETIME

In amassing an unprecedented four titles, and no fewer than fifty-nine victories in the World Super Bike Championship, Carl Fogarty had become a legend in motorcycle sport. And not only this, but he more than any other has helped the series become a rival to the blue riband 500cc Grand Prix class in terms of popularity. At the same time the Blackburn rider has helped Ducati become a household name all around the world, in a way undreamed of only a few short years previously. As we have seen, today Foggy is retained by the Bologna company as a roving ambassador, whilst his wife Michaela has become joint owner of the British CCM dirt bike enterprise.

Ducati, Number 1 and Foggy; probably the greatest combination that will ever grace Super Bike racing.

Index